团队沟通

TEAM COMMUNICATION
FROM NOVICE TO EXPERT

陈亚明 编著

从新手
到高手

U0781614

台海出版社

图书在版编目（CIP）数据

团队沟通：从新手到高手 / 陈亚明编著 . —— 北京：
台海出版社，2021.1（2021.4 重印）
ISBN 978-7-5168-2391-0

Ⅰ . ①团… Ⅱ . ①陈… Ⅲ . ①企业管理—组织管理学
Ⅳ . ① F272.9

中国版本图书馆 CIP 数据核字（2020）第 227936 号

团队沟通：从新手到高手

编　　著：	陈亚明		

出 版 人：蔡　旭	封面设计：一本好书
责任编辑：徐　玥	

出版发行：台海出版社
地　　址：北京市东城区景山东街 20 号　邮政编码：100009
电　　话：010 — 64041652（发行，邮购）
传　　真：010 — 84045799（总编室）
网　　址：www.taimeng.org.cn/thcbs/default.htm
E － mail：thcbs@126.com

经　　销：全国各地新华书店
印　　刷：三河市嘉科万达彩色印刷有限公司
本书如有破损、缺页、装订错误，请与本社联系调换

开　　本：880 毫米 × 1230 毫米	1/32	
字　　数：177 千字	印　　张：8
版　　次：2021 年 1 月第 1 版	印　　次：2021 年 4 月第 3 次印刷
书　　号：ISBN 978-7-5168-2391-0	

定　　价：49.80 元

　　亲爱的朋友，当你打开这本书的时候，你是否有这样一个疑问：这些年来，市场上关于团队沟通的研究资料和公开出版的图书已经很多了，还有再出一本书的必要吗？大家已经研究得那么深、那么透了，再出版的图书还有新意吗？

　　是的，当我在第一次思考写一本关于团队沟通的书籍时，我就对自己提出了这样一个疑问。我从事企业经营管理工作 30 年，曾在国有企业、外资企业、国有控股上市公司工作，先后担任多个岗位管理工作，目前担任一家上市银行地市级分行行长多年。在日常工作中，我深切感受到团队沟通的重要性。但在现实中，很多职场人士，特别是年轻人，对团队沟通的本质、规则缺乏认识，同时又欠缺沟通常识及技巧，最终就会影响自身事业发展，影响人际关系和谐。

　　2020 年新年假期后上班的第一天，我就收到一条员工的信息，内容是这样的：2020 年元旦，我对自己 2019 年的工作及生活总结，到银行 16 年，仍然是个普通员工。这些年经历的各种应聘，我屡战屡败，屡败屡战，领导总安慰我说机会还多。到 35 岁后晋升更加渺茫，连跳槽或考公务员一般都要 35 岁以下的，年龄摆在那里改变不了。每天忙到"心已亡"，越忙越没有静心思考的时间。这么多年，许多晚辈徒弟都当我的领导了，我的处境十分尴尬，天时地利人和，我始终缺点什么，但却拼得自己腰椎间盘突出、脊髓空洞、肺结核等一身病痛，身体健康岌岌可危。家庭、孩子更是无暇顾及。2020年注定是我人生关机重启的一年。在这个说老不老，说小不小的38岁时，不管是回归家庭还是发掘自身特长，我都需要时间去重新开始规划自己的人生。经过审慎思考，我去意已决，与单位的缘分挥别于此，唯愿我能早日如释重负。

这是一条辞职信息，这位员工大学毕业，进入银行工作16年，获得过国家银行业从业资格、理财师专业资格、证券专业从业资格等证书，工作认真，是一个老黄牛式的员工。信息中说："始终缺点什么"，说明他自己很困惑，一直也没明白。其实，以我对他的了解，他就是缺乏有效的团队沟通能力。他个人专业能力突出，但不擅长沟通，团队管理缺乏凝聚力，使得管理层始终对他的晋升没有下定决心。

这一现象在职场也是非常普遍的。我利用这几年时间，广泛研究了众多沟通类、心理学类、企业管理类图书，在极大丰富自己知识框架的同时，也认识到社会上还是需要一本引导职场人士掌握职场常识、提升团队沟通能力及沟通技巧的书籍。

本书与常见的沟通类书籍的不同之处在于：一是知识全面，本书涉及团队沟通的各类场景，算得上职场知识大全；二是循序渐进，从团队沟通入门—掌握基础能力—成为沟通高手，分级分阶介绍了团队沟通的相关知识和技能，便于读者分阶学习；三是提供了一系列团队沟通的范式、方法和技巧，既有理论性，更具有实操性，希望能对大家有所帮助。

感谢国内外沟通领域相关的前辈，正是在学习、借鉴他们的理论及实践基础上，本人才对沟通有了窥斑见豹的了解，才有了本人事业的进步与发展，也才有可能形成今天这本书。鉴于本人学识水平有限，书中难免有不妥之处，欢迎大家批评指正。

感谢一直以来给我深切帮助的领导和良师益友。尤其是我现在单位的各级领导，自参加工作以来，对我关怀备至，支持有加。他们的帮助与指点，不仅促进了我的成长，更从他们个人成功的职业生涯中，让我看到团队沟通对职业成长的巨大作用。

最后特别感谢秋叶团队对本书的撰写与出版所给予的指导与帮助，正是他们的全力支持，才让我下定决心撰写本书，最终完成多年夙愿。

推荐序一

团队沟通——年轻人职场必备的硬本领

张萌

陈亚明先生是一家上市银行江苏省淮安市分行的行长，我此前就青年员工培训成长事宜与他有过交流，也按惯例称呼他为陈行长。我曾听陈行长的下属员工介绍过，说陈行长工作非常敬业，经营管理方面很有办法，担任分行行长不到三年就把市场份额提升到当地同业第一位，跃居淮安市20余家银行之首。日前，忽然收到陈行长发过来的《团队沟通：从新手到高手》电子版书稿，我还是暗暗吃惊。一方面，写书不同于日常事务，洋洋洒洒10万余字，作为一名工作较为繁忙的企业领导，并非专业作者或培训讲师，要挤出业余时间写出来，还要有一定文笔，确实是很不容易的事。另一方面，沟通始终是职场人士关注的永恒话题，市面上关于职场沟通的文章和书籍，几乎是不计其数，不胜枚举，现在要在理论上写出新意，实务上写出地气，难度系数不小。

仔细读过一遍《团队沟通：从新手到高手》，我很欣然，这本书中不仅包含一些常见的沟通理论知识点和社会上比较典型的沟通范式，更隐含作者30年日常工作中的沟通实务，比如：团队沟通的基本准则有哪些；团队中不同级层人员之间应当如何进行沟通；不同的信息内容采用哪种沟通技巧更有效果；既然大家都知道认同是提升沟通效果的基础，那么我们就要关注常见的认同类型，以便有针对性地采取精进措施；工作当中万一得罪了领导，该怎么办？盲目内疚自责无济于事，可以采取补救式沟通予以妥善化解。《团队沟通：从新手到高手》这本书文笔朴实流畅，结构严谨，视角全面，既有理论性，又接地气，针对性强，实用性好，让大家一看就明白，尤其是职场新人，甚至可以按图索骥，找到破解日常团队沟通困惑的钥匙。

　　企业的发展离不开沟通，个人的成长离不开沟通，相信阅读过本书的读者，都会有所受益，成为事业发展、财富增长的大赢家。

推荐序二

学职场沟通，可不只是会说话

秋叶（秋叶商学院、秋叶PPT创始人）

我在学校带学生的时候，曾经有这样一段对话。

我在线问工作室的学生能否中午1点留下来，配合我带几个新同学过来办个卡。

学生回答说：可以的，但尽快来哦，下午2点我有课。

然后是一个表情包。

我倒不生气，但我也意识到让这个学生当干部，我很难放心她和各级老师，特别是领导沟通，为什么？

因为在她的沟通过程中，有很多她自己也没有意识到的细节，缺乏称呼，没有注意身份差异，和老师说话沟通的方式和同学一样，直通通的，一点都不委婉。

如果她这样说：张老师，当然可以啦，这是我应该做的。不过我下午2点有课，可能只能等到1点45分就得走，还请您多多理解啊。

大家是不是觉得更得体？

这样的孩子要不要好好学一下沟通，当然要。

不然进了职场，很容易得罪人，特别是领导，自己还不知道。

当然我猜这个例子会让很多人生气，这孩子和你说话有什么问题，一个微信沟通有必要那么严肃吗？再说了，这样说话累不累啊？今天的孩子还要学习这个吗？

我觉得需要学，很多事情我们喜欢不喜欢是一回事，但做不做是另外一回事。一个人在职场的适应能力，不是指环境适应他，而是他适应环境。

现在很多孩子成长环境都是"家长宠，老师捧"，偏偏想去的工作单位都是强调身份差异的，如果你不去适应这样的环境，又何苦考公考研？我把职场分两种，一种是强调身份平等的文化，另一种是强调身份等级的文化。

如果万一要去这种强调身份差异、职务等级的单位工作，这样的沟通我们怎样学呢？当然要实践，实践出真知，但是在实践之前，最好先系统看看书。纸上谈兵得到的不是真学问，但问题是连纸上都没有谈过，直接去实践不是给自己挖坑吗？

写职场沟通的书特别多，大都是针对职场或生活中沟通场景痛点娓娓道来，讲故事摆道理，写得非常有趣。

但如果你真要去等级森严的职场工作，我推荐大家看看陈老师的新书《团队沟通：从新手到高手》。

我推荐这本书的原因是它写得特别系统，有一种新手上岗必读手册的感觉，事实上它就是陈老师在很多单位系统培训的经验总结。

单位里有很多类型的领导，不同的领导你是不是得有不同的沟通方法？沟通不只是好好说话，职场里面只要有和人相处的机会，你的一举一动都在透露信息给别人，你都要注意，因为这也是沟通，说话是显性沟通，肢体语言是隐性沟通。

开会、宴饮、乘车都是不同的沟通场景，演讲、汇报是正式沟通，闲聊、陪餐是非正式沟通；电话、公文、邮件都是沟通媒介，面谈是直接沟通，媒介是间接沟通。

过去我们谈沟通，往往都是狭义的沟通，谈的是人和人之间的面对面交流，而陈老师的新书《团队沟通：从新手到高手》是广义的沟通，是用职场思维去面对一切需要沟通的场合，采取合适的应对策略。

陈老师的书写得特别"正"，一本正经告诉你什么是单位里的沟通。比如当你要去单位工作时，看看陈老师的经验之谈，其实他讲的根本不是沟通，而是如何适应这样的职场。

想一想人生也是如此，做出选择往往不难，就是没有一条路能轻松，好在我们总能遇到愿意指路的有心人。

推荐序三

教科书、百科书、说明书
——团队沟通，看这本就够了！

勾俊伟

5G 时代下，越来越多的人用微信、钉钉、QQ 等工具进行线上沟通；但与此同时，职场人的团队沟通能力，特别是面对面的沟通能力似乎正在逐步"退化"。

每次为企业做培训，我都会得到一系列关于团队沟通的困惑：

"和领导吃饭好尴尬啊！我根本不知道该说什么，只想低下头默默地玩手机。"

"我最讨厌和下属沟通了！每次都驴唇不对马嘴，聊完后一肚子气。"

"微信上，我能回复表情包或者'666'，但是和同事面对面开会沟通，我却不知道该说什么。"

……

之所以出现以上团队沟通的问题，有以下三个主要原因：

第一，缺乏团队沟通整体逻辑。

团队沟通，思维前行。如果不了解沟通的原则、意义、模型以及整体的目标，沟通就不会朝正确的方向发展。

第二，不懂团队沟通细节技巧。

"听过很多道理，依然过不好这一生"，这是电影《后会无期》中的一句台词，打动了无数观众。

其实团队沟通也是如此——了解整体逻辑后，你还需要懂得如何落地，特别是要了解向上沟通、平行沟通等不同场景的具体方法。

第三，也是最关键的，没有实战派的亲自指导。

团队沟通看起来门槛很低，每个过来人都可以分享自己的建议——有的老员工会告诉你，团队沟通就是拍马屁；有的部门主管会告诉你，团队沟通就是扯皮与推卸责任。

到底谁是对的？

你要多听听那些真正带过团队且团队凝聚力强的实战派的经验，而非人云亦云。

陈亚明老师就是这样的实战派代表。2019 年 12 月，我有幸受邀为陈老师的团队做营销培训。当我提问"你为什么在这家公司"时，现场超过 90% 的人居然都谈到了"团队"！有的人喜欢团队的沟通氛围，有的人认同团队的目标感。

收到陈老师的这本《团队沟通：从新手到高手》电子稿后，我发现，这本书其实就是他的团队沟通经验的提炼与浓缩。以上三个与团队沟通相关的问题，在这本书里都有对应的答案。

首先是逻辑思维方面，这本书像是一本团队沟通的教科书——书中的"团队沟通的四大原则""团队沟通的基本准则""团队沟通的学习模型"等章节，都可以直接提升你的团队沟通整体能力。

其次是细节技巧方面，这本书可以称得上是内容详尽的百科书——不但有各类工作场景下的沟通方法，连乘车、宴请、饮茶等沟通细节都进行了详细陈述。

最后是实战经验方面，这本书更像是一本条理清晰的说明书——当你遇到团队沟通的问题时，翻开书中相应的章节，直接"抄答案"就好。

希望手捧这本书的你，也能做好团队的高效沟通，并亲自打造出一支会沟通、懂协作、高认同的金牌团队！

目 录
CONTENT

高手篇：如何成为团队沟通高手

团队沟通：从新手到高手

序篇　团队沟通有哪些基本知识

第一章

团队沟通的概念及意义

沟通有很多种类，并且发生在不同场合。本书探讨的沟通是指发生在职场中的团队沟通。职场的团队沟通因为其自身的特殊性，与其他沟通有很大的不同。

首先我们要明白，职场指的是：工作、任职的场所，引申为与工作相关的环境、场所、人和事，还包括与工作、职业相关的社会生活活动、人际关系等。职场中的团队沟通是指发生在工作、任职场合中的人与人之间的沟通。

职场称得上是人生的最大舞台。职场活动空间大、接触面广，使我们有丰富的社交，以及人生价值实现的体验，而职场的团队沟通就是这些体验的重要载体。从本质上说，职场中的团队具有以下三个特点。

1. 团队首先是一个组织。这个组织是人们为了实现一个既定的目标，运用知识、技能、资金互相结合起来的具有一定边界的团体或集体。组织主要通过专业分工和协调合作来实现目标。

2. 团队是关系的集合。组织内部有明确的隶属关系，自然形成人与人之间的权利差距。领导与被领导，决策与执行是职场正常的分工，组织内部存在绩效考核、职级升降，自然也伴随着内部或明或暗的各种竞争关系。

除明显所见的正式关系外，组织内部也隐含着非正式关系，并在无形中发挥作用，影响着正式关系。

3.团队的本质是沟通。职场团队关系错综复杂，在其分工与协作的管理过程中，反映的是职场利益的博弈。企业管理的过程，无论是组织、指挥，还是领导、控制，实际体现的都是沟通行为。

1.1 团队沟通的基本概念

"沟通"一词最早源自拉丁文 communicare，虽然大家对这个词语耳熟能详，但对其含义，也是仁者见仁、智者见智，表述不尽相同。

美国作者安妮·玛丽·弗朗西斯科认为：沟通是由一个人向其他人传递思想和意见的过程，启动这个过程的人称为发送者，另一方为接收者。

沟通过程模型

英国专家约翰·阿代尔（John Adair）在《沟通与表达》一书中指出，"沟通"最初的意思是具体事务的给予或赠予，后来慢慢演变成无形或者抽象的传播，包含"传授、参与、分享"等意思。

《沟通圣经：听说读写全方位沟通技巧》一书中提出沟通的四大目标：被接收（被听到或谈到）、被理解、被接受、使对方行动（改变行为或态度）。

《沟通的艺术：看入人里，看出人外》一书中，作者给沟通的定义是：有关使用信息来生成意义的过程。

搜狗百科中对沟通的基本定义是：人们分享信息、思想和情感的任何过程，这个不仅包含口头语言和书面语言，也包含形体语言、个人习气和方式、物质环境赋予信息含义的任何东西。

从以上表述中，我们可以大致总结一下沟通的特点。

1. 沟通是信息传达的过程，目的在于完成双向的交流。既然是沟通，一定是双向的，它包含了信息的传递、分享、反馈、达成等概念。所以，我们在沟通中的目的不是压倒对方，而是合作共赢。

2. 沟通是一个多种表现复合参与的行为。比如语言沟通，必然同步伴随语速、声调甚至肢体等活动。比如书面沟通，必然随着字迹、字体、排版、纸张、送达方式等一起呈现。这体现了沟通的复杂性。

3. 沟通存在信息传递过程中的偏差。很多人都曾看过这样一个游戏节目：几个人站成一排，两两相隔一些距离，甲向乙说一段话，乙再把这段话通过手语传给丙，依次类推。最后，主持人让末尾的人说出传达的内容，但往往与甲的话有天壤之别。这个游戏说明了一个常见的现象，就是信息在沟通传递中存在偏差。

影响沟通效果的原因是信息发送者和信息接收者在性别、文化、经历、职业、社会因素等众多方面的异同，对同一词义、同一动作产生不同含义的理解。可以这么说，信息在沟通传播过程中，必然会出现偏差现象。

1.2 团队沟通的重要意义

从大的方面来讲，沟通是人类社会生存与发展的基础，作为社会人的我们，每个成员都有团队沟通交流的需求，良好的沟通能增进人的生理和心理健康，通过沟通在社会坐标中找准位置，满足社会需求，促进社会稳定与发展。

从职场角度来说，团队沟通也非常重要。因为职场存在错综复杂的利益关系，加上个体行为的差异性，要想在各种矛盾中找到平衡、在关系处理上如鱼得水，需要高超的沟通能力。

松下幸之助有句名言："企业管理过去是沟通，现在是沟通，未来还是沟通。"团队沟通能力强不强，是影响职场人事业发展、个人心理健康的重要因素。

1.2.1 团队沟通助力事业成功

沟通能力是一个人价值观念、思维水平、认识程度、知识底蕴的综合体现。团队沟通能力在很大程度上影响甚至决定了当事人职业生涯的发展水平。无论是职场新人，还是在职场打拼多年的老手，只有认识到团队沟通的重要性，只有不断学习提升团队沟通能力，才能发挥团队合力，达到个人和团队的成功，驰骋职场。

1. 团队沟通能力是职场人士最基本、最重要的工作技能

从职场角度而言，事业的发展不能单靠一个人的力量，需要团队的努力。任何一个人的知识技能都必须在他人的协助合作下才能发挥出来，而要实现合作，首先就需要团队沟通。

根据相关机构的调查，雇主们心中理想的应聘者所需具备的技巧和能力中，团队的沟通能力一直排在前列。而在对应聘者拒绝录用的主要原因调查活动中，"不懂团队沟通"或"团队沟通技巧很差"，也是高居榜单前列。

据部分企业管理者对企业人才流出现象进行的研究分析，员工跳槽的主要原因包括以下几点：人际关系不佳；工作压力太大；难以适应新领导；外界有更好发展。从中可以看出，影响员工流失的主要原因也是团队沟通问题。

时代在变化，人们对职场工作能力的标准和要求也在不断变化，但"团队沟通能力"一直属于最核心的能力之一。更有人将"学习能力、创新能力、团队沟通"并列称为未来社会中获得成功的三大能力，由此可见团队沟通的重要性。

2. 良好的团队沟通能力让你更易得到拥护和赏识

优秀的团队沟通能力会帮助你营造良好的人际关系，让你平时能获得别人的拥护，关键时候更能得到领导的赏识。

案例：

某国有控股公司上半年提拔了秦军等3名中层干部，按惯例，年末开展年度选人用人考评，由全体中层以上干部对新提拔的干部进行满意度测评。秦军的得票情况是：满意20人，一般满意18人，不太满意20人，不满10人。参与测评的5位公司领导却一致给秦军打了满意的选项。

测评结果披露后，大家对秦军的提拔议论纷纷。难道公司领导真的是任人唯亲？

了解秦军背景的人都知道，他跟公司领导非亲非故，他只是人比较机灵，经常找公司领导请教问题，汇报工作。单位提拔任用干部一般都是依据干部管理条例公开透明进行的，领导判断一个下属的表现，依据是领导自己掌握了解的信息。秦军经常主动找领导沟通交流，他的学识能力、绩效自然被领导所熟悉，优先提拔任用秦军也是很自然的事。

从以上例子，我们可以看出，良好的团队沟通能力往往决定了你顺畅的升迁之路。相反，不善于沟通的人常常被别人误解，给别人留下不良的印象，并导致自身停滞不前。

3. 优秀的管理者尤其需要有效的团队沟通能力

对于管理者来说，团队沟通无时不在。对下属，他们需要把工作要求、目标传递给大家，也要及时听取大家的意见，掌握动态，随时完善工作措施。对上司，他们需要经常及时向高层汇报、提供决策、寻求帮助。对平级，他们更是需要协调、说服，以获得支持和配合。

一个优秀的管理者能否在职业发展中获得成功，70%以上靠的是良好的团队沟通能力。

在现实生活中，位居高位者，往往都是团队沟通高手。马云的演讲、任正非的访谈一向被大家津津乐道，这主要就体现了他们卓越的职场团队沟通能力。

1.2.2 团队沟通影响个人心理健康

根据马斯洛的需求层次理论，人作为一个群居高级动物，有生存的生活需求，也有安全需求，往上就是社交需求和自尊需求，最高级的是自我实现需求。成为最优秀的人，实现自我价值，都必须通过沟通这个渠道来完成。

团队沟通是职场人寻找认同需求和社交需求的有效手段。有的人在职场很压抑，其根本原因并不是工作任务重，力不从心，更多的是个人得不到理解与支持，甚至被领导和同事无形中隔离开。比如七八个人在一个办公室办公，大家有说有笑地交流，可当你一从外面回到办公室，大家立即闭口不言，气氛突然冷却下来，你会非常难受。没有团队沟通的环境，人际关系不融洽，会大大影响身心健康。

这些年，单位团建活动比较盛行，单位肯花钱、花时间来组织这些看似与生产经营管理不相干的活动，并不是单位领导犯傻，主要是鼓励员工能随心交谈、和谐相处，逐步消除团队沟通壁垒，提高工作效率和职工心理舒适度、幸福感。

1.3 团队沟通的四大原则

彼得·德鲁克（Peter Drucker）被商业周刊称为"当代不朽的管理思想大师"。他提出了企业中沟通的四项基本原则：

1. 沟通是理解

在沟通时，无论采用何种媒介，第一个必须回答的问题是："这个沟通在接收者的理解范围之内吗？他能理解它吗？"只有那些被理解的东西才能被沟通。

理解就意味着尊重对方。没有尊重就没有有效沟通。被尊重是一个人最基本的心理需求。相互尊重，就是要尊重对方的想法、意见和人格，尊重他人的能力。

理解也意味着换位思考。凡是沟通，不可避免会出现信息偏差，而换位思考是避免信息偏差的有效途径。职场中的很多争议，其实源于各执一端，换位思考，推己及人，站在对方的角度多考虑一下，争执就会消失弥散。

2. 沟通是期望

在团队沟通中，我们必须了解对方的期望是什么。因为人们往往喜欢听他们想听的话，他们排斥不熟悉和威胁性的语言。只有理解听众的兴趣和期望，才有可能使他们从新的角度来看待某个问题。

美国著名商业领袖欧文·扬说："能设身处地地为他人着想，了解别人心里想些什么的人，永远不用担心未来。"

要想获得良好的团队沟通效果，就不能只顾个人利益，应该本着"利他才能利己"的思想，本着互惠共赢的原则，做到有来有往，满足对方的期望，对别人给予关照与帮助。

3. 沟通创造要求

沟通总是要求接收者成为某种人、做某些事、相信某些话。换句话说，沟通通常请求接收者付出注意、理解、洞察、支持、信息或金钱。因此，在任何沟通前，必须问自己，我为什么要在这上面花费时间？是什么鼓励其他人把他们最宝贵的时间留给我，他们在结束时会相信物有所值吗？

因此，沟通必须符合接收者的渴望、价值与目的，否则沟通就不会被接受，或者最坏的情况是受到抗拒。

4. 沟通传递有价值的信息

信息是中性的，它不涉及诸如情感、价值、期望与认知等成分，信息可以按逻辑关系排列，技术上也可以储存和复制。

而沟通是在人与人之间进行的，沟通的背后都隐藏着目的。沟通过程由于沟通者和接收者认知和意图不同显得多姿多彩，因此，沟通就是赋予信息以价值。

这也意味着沟通有弹性，既需要我们照章行事，又不能墨守成规；既需要我们灵活处理，又不能一味玩弄权术。

1.4 团队沟通的基本准则

基于以上四条基本原则，再结合团队实践，我们可以进一步细化出一些团队沟通的基本行为准则，供大家参考。

1. 站对主场利益。王健林管理万达集团员工的规则，第一条就是公司利益高于一切。要有职业人最基本的道德，忠于职守，不能背叛国家和单位利益，不能吃里爬外、损公肥私。

2. 不要轻易得罪领导。一个单位要正常有序运行，必然会有管理层级。个人服从集体，下级服从上级是刚性原则，尤其是对领导要尊敬与服从。一方面，领导也是从基层一层一层升上去的，视野、能力与资历值得我们钦佩；另一方面，领导掌握了政策、人事评定与任免、资金、信息等大量资源，我们要主动利用这些资源，不能自命清高，排斥领导，不到万不得已，更不能胁迫领导，阻碍了领导权力的畅通与权威，最终必然会受到权力的打压和惩罚。

3. 职场中没有绝对公平。很多单位，一到提拔干部或分配奖金，员工都会闹腾得厉害。很多人心里不服气，为什么不提拔我？为什么他拿的比我多？实际上，不要说一个单位，全世界也没有绝对公平，或者说人人满意的公平。绝对公平的标准，每个人都不一样，所以很难绝对公平。此外，领导的决策包括干部任免，都是从单位发展全局角度考虑的，站在某个具体岗位上的员工，可能无法全面理解，容易因此产生偏心的误判。

4. 不是所有事情都可以公开。有些事情只能想，不能说。有些事情，只能做，不能说。如果一旦公开说出来，可能会产生另外的麻烦。比如，在单位年度工作会议上，你作为先进工作者受到表彰，登台领奖，让你发表获奖感言，如果你说自己的努力没有白费，这个先进是自己应得的荣誉。这也许真的是你的心里话，但说出来之后，部门领导可能不高兴：难道对你的指导、帮助没有意义？身边的同事可能不开心：平时的配合与支持就不值得一提了？所以，易触犯他人、让人感知不好的事情最好不要公开表达。

5.个人自由服从团队制度。职场不同于家庭，没有父母宠着你，没有亲人顺着你，一切必须按单位规章制度、管理规范和操作规程来执行。每个人、每个岗位都是有边界的，即使是一些诸如"迟到早退、遇事请示汇报、开会关手机或调静音"的小事，也必须严肃认真落实到位。职场尤其更不存在用人情替代工作原则，最忌讳的是自以为是和越级。"不缺位、不错位、不越位"是职场人的基本要求。

6.能力再强也要有团队意识。有人说："没有完美的个人，只有完美的团队。"在职场中，每个人的能量都是有限的。也有人说："人强不是强、团队强才是强。"无论是管理行政型还是生产经营型单位，也无论单位规模多大，都是一个复杂的系统。身在职场，无论能力多强，都不能有单打独斗的个人英雄主义想法，更不能我行我素。要有"一个好汉三个帮"的理念，按岗位职责及领导安排，做好本职、及时补位。

7.崇尚寡言实干。"沉默是金"，"独居守心，群居守口"，说的是不要成天唠唠叨叨，话多了，人也就透明了。不该说的话，说出去以后把柄就在别人手里。即使你为单位做了贡献，也不要整天挂在嘴上，"成绩不讲跑不掉"，领导和群众的眼睛是雪亮的。适当的沉默，才能显示你的成熟与稳重。此外，更不能整天八卦，搬弄是非，尤其是涉及领导的议论，一定要避而远之。

8.本领过硬是基础。一个人在职场中风生水起，要具备天时、地利、人和才行。但能力和本领是硬通货，无论在什么岗位，无论是否受到重用，专业水平、管理能力提升都必须下苦功夫，切勿迷信所谓的"关系"。再说了，即使一时怀才不遇，后面还有机会，或者可以跳槽。如果不求上进混日子，破罐子破摔，最终吃亏的肯定是自己。

9. 棘手事弹性处理。在团队中，虽然制度标准、岗位职责比较清晰，但在执行过程中还是有很大弹性。特别是对一些较难处理的事情，更需要动用技巧，才能得到人人满意的结果。当然这里指的弹性处理不是指私下的权钱交易、关系经营，而是指个人感情对工作推进的正面影响，可以在遵循规则的基础上，巧用私人关系、私人感情去推动对方。

10. 接受批评才能进步。每个人从出生之日起，就是在别人的批评教育与帮助下成长起来的。在职场，被领导批评不要紧，领导批评你，很多时候真的不是给你穿小鞋、看你不顺眼，而是指点你怎样做工作，甚至是有意栽培你。职场新人尤其要认识到这一点。

11. 职场当中无闲事。在日常工作当中，无论单位还是个人，无论我们的领导还是同事，一言一行都有一定含意。一些看起来的无聊之举、废话也是一种意思的表达。比如，部门负责人忽然随口跟你说一句"小张今儿来得蛮早的"，你不要以为是在表扬同事小张，很有可能是在批评你迟到。我们日常要用心收集，慢慢参悟，才能从一些看似无意的言行中，把握实质，抓住要害。

12. 凡事及时回复。有人总结出团队成员办事靠谱的三个判断标准：一是凡事有交代；二是件件有着落；三是事事有回音。

及时回复，不仅是团队沟通中的一个环节，更是一个人作风与责任的体现。

13. 客套话别太当真。受中国传统文化影响，客套话成为人际交往的润滑剂，也是职场团队成员之间相处的点缀。同事之间的交往要真诚，但有时候也不能太当真，比如："过几天我请你好好聚聚，喝两杯"；"你有什么事尽管找我，千万别见外"……这些客套话大可以一笑而过。

14. 私下沟通比公开争执效果好。团队中人与人的交往虽然是公开的职务（岗位）间行为，但具体到每项工作，也伴随着人与人之间的关系变化。工作推进中出了问题，是大家都会遇到的事。最好不要动不动就去找领导汇报，或者在办公室、会议上争执，让分歧与矛盾公开化、扩大化。应该先去找对口的人进行私下沟通。如果私下沟通无效，再公开反映。

15. 有分寸地拒绝。相互帮助是团队成员相处过程中经常会出现的事项。助人为乐也是中华民族传统美德。但对别人甚至领导提出的要求也不能一味、毫无原则地答应。有的人提出的要求也超越了你的工作职责、能力甚至时间精力范围。答应却做不到，还不如事先有分寸地拒绝。

16. 利益是回避不了的。司马迁说："天下熙熙皆为利来，天下攘攘皆为利往。"利益是社会发展、人与人交往的重要关切点。在职场中，领导也好，同事也罢，支持你也好，排斥你也罢，或多或少都涉及利益。当然，这里所讲的利益，不单指金钱财物，也包括职务、荣誉、影响力、便利等方面。大家常说的"不要轻易动别人的奶酪"，不要打翻别人饭碗，不挡人家财路等，也谈的是利益。在利他过程中，成就自己，共同把蛋糕做大，才是可取之处。

17. 钻空子不是捷径。每个团队都有规章制度，都有办事规程，但日常工作中这些书面条目的东西很难穷尽一切。很多也只能做原则性规定。一些所谓的聪明人往往自作聪明，通过规则漏洞钻空子。比如，报销发票中混入一些个人消费票据；利用互联网直接下载抄袭别人的文章。钻空子看起来是捷径，实际是给自己下了套子。

18. 提议之前先三思。实际工作的团队中都同样会存在这样或那样的问题，有些矛盾已积压多年，其中让人感到奇怪的是大家都熟视无睹。在你看到一些问题想要提出来之前，请多考虑三点：一是有没有初步解决方案；二是有没有精力；三是愿不愿意去得罪人，务必考虑成熟后再做决定。当然，要确保你职责范围的事，必须义不容辞地解决。

19. 常怀感恩之心。团队中每个人的成长，都离不开领导的栽培、同事的抬爱、下属的支持、客户的交心。只有常怀感恩之心，我们的沟通才是真诚的，才是有效的。尤其要感恩职场上愿意培养你、帮助你、提拔你的领导；感恩愿意跟你一起拼搏、带你走出情绪低谷、助你登高出头的同事和下属；感恩愿意信任你、与你合作的客户。职场当中也不乏一些势利人，看谁对他有用，能帮到他，就千方百计献媚讨好，一旦得逞，眼睛更是向上，盯着更高层领导旧戏重演。所谓日久见人心，时间一长大家便一清二楚，这样的人自然也很难更进一步。

1.5 团队沟通的学习模型

知道了团队沟通的基本原则及行为准则，那么，我们如何提升自己的团队沟通技能呢？

首先，我们得承认，良好的沟通能力与沟通者个人先天性相关因素有关。人类行为的研究者认为，生物因素对人的影响是肯定的，特定的人格特质有利于这类人学习、运用一些独到的能力技巧。就像我们平时所看见的，有些人文化水平不高，甚至没上过大学，但特别会为人处世，与领导、同事相处得非常好。有时候他在公开职位只是一个普通办事员，但无形中却是群众领袖，在团队中有较强的号召力。

其次，我们必须知道，团队的沟通能力是可以通过后天努力学习而完善与提升的。

案例：

雅典卓越的政治家、演讲家德摩斯梯尼，年轻时口吃，说话气短，爱耸肩。在初学演讲时，他曾被人轰下台，但他毫不气馁，为了练习发音，他嘴含石子，在海边练习朗诵，为了克服气短，他一边攀登陡坡，一边吟诗，终于成为著名的演讲家、雄辩家。丘吉尔曾经也有类似情况，在下议院的一次演讲过程中，只讲了一半就被轰下台了，但经过他自己的不懈努力，最终成了举世闻名的演说家、政治家。

在我们身边，也有许多人通过学习沟通理论，勤于在工作生活中实践，使得沟通能力有了大幅度提升，也把自己的职业生涯推向一个又一个新高度。如何快速学习，达到提升团队沟通能力的效果，在此送给大家三步法学习模型。

1. 第一步：职场知识储备。全方位了解单位的组织文化、沟通对象、行为特征及常见礼仪。这是团队沟通入门的前提。

2. 第二步：基础能力提升。团队沟通离不开起码的听、说、读、问、写等基本技能，离不开基本的情绪控制和自我认知能力。只有学好了这些基础技能，我们才有进阶的资本。

3. 第三步：高手实战演练。要成为高手，必须练就一两招"绝技"。只有平时留心观察成功人士的沟通之道，及时向高人请教，在前人总结的基础上实践沟通的范式、技巧，才能真正提升沟通实战能力。

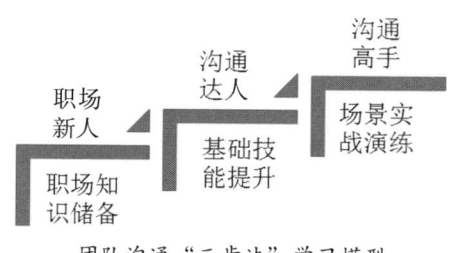

团队沟通"三步法"学习模型

当然，团队沟通是一个需要不断学习、与时俱进的过程。随着社会进步、经济发展，沟通环境、沟通媒介、沟通对象都在发生变化，我们的团队沟通技能也不能墨守成规，不管是职场新人，还是各级领导、职场精英，都需要持续学习，更新迭代。

团队沟通：从新手到高手

新手篇　不可不知的团队沟通常识有哪些

对于新入职的员工来说，了解必备的职场知识是必需的，这可以帮助你避开"职场菜鸟"们易踩的坑。即使对于工作了很多年的人来说，如果本人不擅于观察、总结和学习，也未见得对这些常识性的知识有所体察。所以，本篇广泛收集了团队沟通的方方面面，包括沟通环境、沟通对象、沟通场景、沟通媒介、沟通方式等，帮助大家建立一个初步的知识库。当然，团队沟通的内涵非常丰富，知识点特别多，组合变幻莫测，很难涉及全面，本篇只是抛砖引玉，做一些指引。

第二章

团队沟通环境

沟通的前提是了解你所在团队的环境。包括组织性质、团队文化氛围等。不同团队拥有不同的团队属性和文化属性。比如，华为公司强调"狼性文化"；阿里有"武侠文化"，每个人都有花名，同级或上下级互相之间直呼花名等。如果你不了解自己团队的基本属性，自然也无法有效地进行沟通。

我们可以采取中医的"望闻问切"法来把脉一个团队的基本环境。

2.1 望：观察团队环境

一看组织架构。从单位网站、通讯录等各种途径可以看出公司的组织架构。如观察企业是官僚制，还是家族制、小企业制，抑或是三资企业？这决定了你的沟通方式。

二看团队群体。主要了解团队负责人的能力、性格和职业态度。了解团队中人与人的相处，有没有民主氛围。

三看基本制度。熟悉企业规章制度以及团队中不成文的习惯做事方法。

充分、客观判断一个企业的组织文化需要有一定的眼力，重点注意以下四点。

一是不要先入为主，不要带感情色彩，不要带着别人给出的结论去观察、印证。因为如果先有了结论，往往情不自禁去找能论证观点的素材，就不能全面客观看待事情。

二是不要急于评论，观察是为了全面摸清情况，并不是为了评论其对错、先进与落后。

三是规章制度与客观事实是否相符，例如单位出台了劳动纪律管理制度严禁迟到早退，可以有意观察员工上下班情况，来了解制度的执行情况。

四是相互印证，单位的整治情况与食堂、卫生间的卫生、秩序等实际情况的比较，公开选拔的干部与其近年来业绩完成情况、执行力的表现等。

案例：

小张是某大学的高才生。他通过公务员考试，进入某国家机关工作。结果上班第一周，他就感受到了单位里与学校完全不同的氛围。

到单位报到以后，科长把他领到一个位子边，说："你先熟悉熟悉这里的情况吧！"然后就出去忙别的了。小张一头雾水：这样既不交代工作内容，也不提供材料文件，怎么熟悉情况呢？小张感到不知如何是好，那个难受劲儿真是无法形容。

慢慢地，小张发现所有的人做事都是有分工的，不慌不忙的，即使再紧急的事情也引不起多大的动静。又如，这里的人非常重视级别，级别不一样，就连说话的方式和做事的风格都不一样。还有，工作中程序特别重要。为了按程序办事，同事们有时候会浪费很多时间和精力，但他们还是很谨慎。

小张保持虚心谨慎的态度，注意观察周围的人和事，对谁都不抱有偏见，努力让自己尽快融入集体。他渐渐发现，这些在他开始不能理解的东西，都有它不得不如此的理由：科里大家以忙工作为主，整体工作秩序顺畅，而且越是出现突发事件越不能慌张；重视级别既可以维持良好的人际关系，也能使责任和权力更清晰；讲究程序不但是依法行政的要求，还使一切事务都有章可循，避免了扯皮和推诿。明白这些后，小张很快就融入了新团队，得心应手地干起活来。

2.2 闻：倾听团队声音

如何听，要注意以下几点。

一是听团队各级领导的讲话，尤其是正式会议的发言报告。这不仅能体现领导的个人风格，更主要的是能了解到团队运行逻辑和工作导向，便于理解高层精神。

二是听民意。同事之间的聚餐，是体验本团队"圈内规则和气氛"的有效途径，在放松的场合也能听到大家的心里话，能了解到真实情况。

三是听出"潜台词"。大家在平时沟通交流中，因为都是同事，有很多信息不可能说得很直白，所以不仅要听大家口头说的信息意思，更要结合当场沟通情景、参与人员、说话者非语言沟通表现等情况来综合判断，不仅要关注对方说什么，更要留意对方没说什么，甚至隐瞒什么，才能听出真实信息。

四是兼听则明。俗话说"仁者见仁，智者见智"，对待同一事物会出现不同的声音，这是正常的。特别是面对一些复杂局面，只有多听，才能形成自己的判断，才不会中别人的圈套，被人当枪使。

2.3 问：询问团队风格

主要是询问，向领导、前辈、同事在合适机会咨询了解。当然这里讲的询问不是漫无目的的信口询问，应该是有准备的询问。

一问团队目标。有共同梦想或愿景是一个团队健康发展的必备条件，共同的愿景还便于吸引共同志向的团队成员。

二问团队的用人逻辑和用人导向，是业绩为主，还是资历为重；是上级用人规范，还是以关系为主。

三问领导的个性特征，一个团队的文化，很大程度上就是主要负责人的理念。要了解单位组织文化，首先要问的就是主要负责人的一些个性化特质。

问出水平才能听到真实全面的信息，但是问的时候要注意以下三点。

一是注意场合。要选择合适的场景，对方有时间来接待和介绍，没有阻碍他敞开心扉的人在场，沟通的空间有利于他放松心情，这样才能引导出有用的信息。

二是问得有技巧。要根据不同沟通对象的个性特征，灵活采用不同方式沟通，有的直奔主题，有的循序渐进，有的假装漫不经心随意问问，有的是以同理心来赢得好感。

三是避免挑起矛盾。职场中大家抬头不见低头见，经常有分工有合作，沟通交流过程中注意不要挑起其他人之间的矛盾，也不要热议八卦，不要打听和传播小道消息。

2.4 切：把脉团队氛围

切就要切中要害，观察团队氛围，最重要的是观察三点。

一是关注选人用人机制。选人用人是一个团队文化与风气的集中体现，关注这几年团队新提拔晋升人员的经历、能力、业绩以及提拔的原因。是有领导的裙带关系、溜须拍马的人提拔了，还是年轻能干的骨干提拔了，抑或是靠"急难险重"活动中的表现提拔了？这些都要做到了然于心。

二是关注绩效发放的依据。单位是否有规范化的绩效考核办法，奖金分配中是否有领导个人印象分，是吃大锅饭还是绩效考核拉开差距，单位规章制度是否有效执行，激励机制是否全部靠奖金，有没有精神方面的鼓励与引导，单位授权是否得到有效落实，是制度管人还是人管制度，是否重人情轻法治？这些都是要重点关注的因素。

三是关注价值观的共识程度。单位的价值观、发展愿景是否深入人心？除领导层之外，中低层人员是否了解单位价值观

和愿景？自己是怎样为这个而努力的？单位是否有企业核心价
值观？

　　当然，在现代企业中，我们并不提倡一味围绕领导的喜好
来经营自己，但至少可以做到不为之所累。

团队沟通对象

熟知沟通对象是我们获得良好沟通效果的最关键因素。沟通从本质上说是和人打交道，因此，在团队沟通中，了解沟通对象的职场排位、性格特征、行为特征，往往能让我们在沟通中抢占先机。

3.1 职场排位

在职场体系中，排位是非常重要的，如果对此不了解，极有可能造成工作上的被动。

1. 正职领导排列

单位正职，体制内的单位有党政领导，就会有两个正职，以党内职务排先，行政职务次后，也就是说，党委（党支部）书记排在最前面。目前党政两岗位一个领导兼任的一肩挑现象比较普遍。

上级已经做出了明确的排名次序的，以任命文件或宣布的次序为准。

无党内职务，董事长排在总经理前面，非体制内单位党的书记排名，一般没有专门约定，该单位大多实际上按行政职务排序。

2. 副职领导排列

副职中，常务副职排第一位；不设常务副职的，以党内副职或在同一级别中兼有党内副职的排先，然后按级别大小为序。排名次序一般为：常务副书记（副局长、副主任）、副书记、副局长（副主任）、纪委书记（纪检组长）、党委委员（党组成员）。非体制内单位，以董事会同意的任命文件排名。

同一级别、同一职务，以任同一级别时间的先后为序；同一级别、同一职务，并同一时间任职的，以到本单位工作的先后为序；同一级别、同一职务、同一任职时间，并同时到同一单位工作的，以姓氏笔画为序。

因工作需要组织上明确的排名次序，以组织上发文或宣布的次序为准。体制内单位，组织上发文任职的时候，一般会注明列××同志之前，如果未注明的，就是排在最后。

部队转业干部的任职时间以地方任职时间为准（仅用于排名参考）。

巡视员、调研员等非领导职务，排在实职干部之后，一般按任职时间顺序来排列。

3. 其他考虑因素

我国干部序列中，领导职务就是指实职，非领导职务是指虚职。排名除领导职务的大小之外，还要考虑实职大于虚职。同一职级，领导职务大于非领导职务，即处长大于调研员、副处长大于副调研员。

如果为同一职级，再根据领导任职机关的大小来排序。同一职级的三位领导分别来自中央、省、地市的，以中央的排首、省次之，地市为末。

例如：教育部部长—教育厅厅长—教育局局长

领导同一机构、同一职级任职时间的，如两位处长一位任职 10 年，一位 5 年，以年限长的为尊，排在前列。

同一级别、同一工龄的若干领导则按领导的年龄大小，以工龄资历来排序。

3.2 对方称呼

职场中的称呼是一件非常有讲究的事。从心理学上讲，每个人都对他人如何称呼自己非常在意，在体制内，职场中的称呼都有明确具体规定。

对上司或前辈称呼名词主要有 ×× 长、×× 主任、×× 总经理、×× 经理、老板、领导、师傅等。如果对方是副职领导，一般口头语称呼中去掉"副"字，除非在非常正式的场合。而傅姓领导，尤其是担任正职的，人们往往用姓名＋职务直接称呼，比如傅琳玲主任，口头一般称她为傅琳玲主任或琳玲主任，不称她为傅主任，以免别人听成副主任。领导间的称呼也很有讲究，比如张建华局长和陈海军局长，可以互称张局长、陈局长，但是称呼为建华局长、海军局长显得更亲近。

对平级的称呼，有职务的，一般称呼姓名或姓或名＋职务，没有职务的，称陈师傅、老师。有的人喜欢称呼其职务，有的喜欢称呼职称，比如教授、高工。有的直呼姓名，显得亲切，普通同事间可以称呼姓名，也可以姓＋岗位称呼，如李护士、张老师等。

对下的称呼，有职务的，称呼姓名或姓或名＋职务，也可直接称呼姓名或小＋姓。无职务的，称呼姓名或小＋姓，比如小陈。

在职场当中，也有部分人把根深蒂固的亲族文化带进来，人与人之间也有大哥、大姐、老爷子的称呼，这些只能见机使用。

3.3 个性特征

春秋时期的纵横家鬼谷子先生指出："与智者言依于博，与博者言依于辩，与辩者言依于要，与贵者言依于势，与富者言依于豪，与贫者言依于利，与卑者言依于谦，与勇者言依于敢，与愚者言依于锐。"这段话的意思是说：和聪明的人说话，须凭见闻广博；与见闻广博的人说话，须凭辨析能力；与地位高的人说话，态度要轩昂；与有钱的人说话，言辞要豪爽；与穷人说话，要动之以利；与地位低的人说话，要谦逊有礼；与勇敢的人说话不要怯懦；与愚笨的人说话可以锋芒毕露。

人的性格测试分析由来已久，形成了众多学说，本书介绍一下美国的马斯顿的 DISC 性格分析法。

DISC 根据两组最基本的维度：关注人、关注事；行动快、行动慢，将人分为四种类型。即 D 型、I 型、S 型、C 型。

· D 是支配 Dominance，代表直接、独断、控制，是团队中的"指挥者"角色。

· I 是影响 Influence，代表外向、友好、爽朗，是一个"社交者"角色。

· S 是稳健 Steadiness，表示稳定、谨慎、忠诚、耐心，是一个"支持者"角色。

· C 是服从 Compliance，意味着组织、细节、事实、准确，是一个"思考者"角色。

具体如下图所示：

值得注意的是，我们每个人都有这四种成分，唯一的差别是其所占比例不一。据此，我们通常把人分成 Dominance 支配型（指挥者）、Influence 影响型（社交者）、Steadiness 稳健型（支持者）、Compliance 谨慎型（思考者），这四种类型各自特征比较明显，也各有利弊。判断沟通对象属于哪种性格特征，有助于我们针对性地提高沟通效能。

DISC 四类人沟通基本准则

DISC 类型	沟通要点
D 型人	1. 不要对他造成压迫感；2. 汇报要点；3. 预防他过快做决策；4. 工作上的事情随时找他；5. 婉转地提醒错误。
I 型人	1. 热情地回应；2. 多用幽默而独特的词汇；3. 用副词修饰强烈的情感；4. 强调你的感受；5. 坚持。
S 型人	1. 多一两句温暖的话语；2. 多一些关怀与包容。
C 型人	1. 与他保持距离；2. 用数字说话；3 让他说话；4. 善用比较之法。

3.4 行为分析

人的行为是有含意的，即便是下意识行为，也是一些潜意识的不经意表露，人的行为也是非常复杂的，本节从各类公开资料中整理出常见的一些行为举止的分析，供大家参考。

1. 外貌特征

人们常说人不可貌相，实际上随着心理学研究的深入与细化，人已经处于可以直观貌相来分析人物的状态。当然，这种直观貌相也并不是百分之百准确的，它与这个人所处的环境、曾经的阅历、是否经过专业训练等多种因素相关，但从大数据法则看，也能基本说明问题。

身边身材较胖的人，让人感到谦和，有人情味，社交方面较为活泼，开朗乐观，和这样的人沟通就比较轻松。

把发型弄得非常奇怪的人，大多性格外向，喜欢表现自己，他们的所作所为大多数是为了引起周围人的注意，具有我行我素的性格特征，由于他们有好胜心，面对争辩则不容易冷静，也不太会变通，与其沟通则要注意方式方法。

　　牙齿也可以展示一个人的性格特征，一般而言，小牙齿的人逻辑思维能力强，做事严谨、性格温和、冷静，但过于敏感，容易纠结于细节方面。

　　一个人的眼神，也是他性格特征和内心状态的反映，眼神沉静，说明他对当前的情况胸有成竹。眼神散乱，说明其内心慌张，对难题毫无办法。眼神坚毅，表示成竹在胸。眼神阴沉，说明这人比较凶狠，感情冷漠。眼球转动频繁，说明这人内心复杂，诡计多端。眼神游移不定，说明其这时已失去耐心。

　　有心理学家指出，微表情的传达几乎不受大脑主观意识的控制，因此传达出的信息比较真实，很多时候比语言更能反映出真相。在沟通过程中我们必须高度关注微表情。但也要明白，人的表情非常丰富和细腻，每个地区、每个人的表情在不同场景下含义其实也不完全相同，需要我们结合实际灵活运用。

　　2. 衣着配饰

　　衣着是一个人性格、职业、社会地位等因素的综合体现。职场中，常见的着装主要有以下几种：工作服、正装、休闲装、高档品牌服装。

　　医院、银行、电力、石油等单位都有自己专门的工作服装。单位要求统一着装，这种衣着是难以体现个体个性特征的。有些人是通过配饰来展现个体性格，比如男士领带、女士胸饰、丝巾等。

日常习惯着正装的人，给人的感觉是严谨和有责任感；休闲装则显得自由、放松；高档品牌装，尤其是女士的品牌服装，高雅、大气，当然也是自身财富与修养的展示载体。

根据对方的衣饰，我们不仅可以判断对方的个性特点、经济水平，也可以作为寒暄的话题。

3.言谈举止

人们的言行举止往往能集中反映一个人的性格特征，下面择取职场中最常见的几种场景予以阐释。

（1）驾驶行为

随着社会经济的发展，汽车已成为人们主要的交通工具。汽车也被视为一个人肢体的延伸，开车的方式就演变成其肢体语言的一种。一个人在方向盘上的举动，能反映出他的性格与心情。所以，我们能够通过一个人习惯的开车方式来了解这个人的情绪和性格。具体见下表：

驾驶行为特点及性格分析

行为特点	性格分析
严格遵守交通规则，红灯停、绿灯行，按正常速度行驶	做事比较稳妥，为人诚实可信，比较中庸，缺乏冒险精神。
喜欢超速行驶，不能容忍别人超越自己	主观意识强烈，有较强的冒险精神，不会受制于任何人，积极主动。

续表

开车速度比正常速度低很多	谨小慎微，性格懦弱，没有安全感，缺乏自信。在渴望成功的同时又惧怕担当责任。
在遇到堵车或红灯时，会连续按喇叭	外向型性格，脾气暴躁、易怒，遇到不如意的事情就会情绪失控；做事效率不高，缺乏自信心。
开车上路，不会视情况随意换挡	具有一定的责任心，善于把事情都安排好，工作主动性较强；喜欢凭自己的感觉做事，热衷于给别人一些建议。
绿灯刚亮，就放下手刹启动车子，抢先冲	头脑灵活，反应敏捷，凡事喜欢比别人抢先一步。应变能力和竞争意识强，生活态度比较积极，但容易跌倒。
在绿灯亮后最后一个发动车子	性格冷静沉稳，为人处世小心谨慎。低调、内敛，从不和他人竞争，追求的最终目标是安全而有保障。
开车时一心二用，一边开车，一边抽烟或打电话，停车时甚至把脚跷到前面方向盘上	个性独特，有主见，为人耿直。理想主义者，希望一切都按自己的想法去发展，导致太过自我而受人排斥。

（2）打招呼

人与人见面打招呼是十分常见的沟通行为，我们可以从一个人打招呼的用语中判断出这个人的性格特点。具体见下表：

打招呼习惯及性格分析

打招呼习惯	性格分析
以"你好"作为打招呼用语	头脑冷静，能够很好地控制情绪。工作勤勉，做事认真仔细，值得信赖。对待朋友真诚，尽量避免与人发生冲突。
用"嗨"打招呼	情感丰富，多愁善感。与人相交时低姿态，小心翼翼。聚会时一般躲在角落里，寡言少语。在熟人当中，也有活泼的一面。
用"喂"打招呼	为人直白，有一说一，不会拐弯抹角。活泼好动，大大咧咧；天性乐观，有幽默感，心胸宽广，有容人之量。
打招呼时说"怎么样"	喜好表现，喜欢引起别人的关注。爱出风头，但会做好准备，制订详细的计划，而且一旦决定做某件事，会不达目的誓不罢休。

（3）握手

握手是人际交往中的一种重要礼节，不仅仅表示礼貌，而且会传导一个人的情绪和性格。有些时候，一次简单的握手，通过握手时的力度、激情、持续时间等，就可以传递出丰富的含义。握手会给对方留下深刻印象，它既可以反映出你的友好和尊重，也可以反映出你的敷衍和傲慢。

具体见下表。

握手习惯及性格分析

握手习惯	性格分析
用双手握手	天性热情，性格上温良宽厚。他们藏不住感情，各种感情都能在脸上表现出来。对朋友很热心，能够推心置腹。
用力握手	执行力比较强，做起事来独断专行，领导能力出众，但是有时过于自大。
力度适中地握手	给人感觉沉稳可靠，富有责任感。做事思虑周详，对事情有其独到的见解。个性沉稳、遇事不慌，身上很有领导风度。
只是轻微碰触	性格上比较悲观，对很多事情都不关心，不是绅士的表现，总是用一种事不关己高高挂起的态度来与人相交，人际关系不太好。
紧握住不放	感情比较丰富，热情，并且爱交朋友。
手指轻触或者手指抓住对方	比较敏感，情绪波动比较大。和这类人交往要很小心，不要触碰他们的敏感地带，否则很容易让双方都下不来台。
握手时手掌向下	控制欲比较强，希望在接下来的交流中居于支配地位。如果是两个都很强势的人握手，那么他们之间会有一番较量。
绅士缓慢，不太情愿与对方握手	个性保守、容易害羞，握手时不敢看对方的眼睛。对人很真诚，没有什么城府。

（4）坐的姿势

坐姿习惯也能一定程度地表现出这个人的性格特征。具体见下表：

坐姿特点及性格分析

坐姿特点	性格分析
坐姿端正，两脚合并且微微向前，整个脚掌着地	外冷内热型，表面上看比较冷漠，实际上是热心肠，感情真挚诚恳，喜欢帮助人，不过做事容易较真，比较死板、缺乏灵活性。
双脚尽量向前伸直并相互交叉	这是一种防止消极情绪外流、克制感情和恐惧心理、代表警惕或防范的典型坐姿。性格上控制欲较强，行为上喜欢发号施令，有嫉妒心理，但工作上踏实认真。
坐着时，喜欢用脚或脚尖带动整个腿部抖动	这种人一般在想自己的事情或一会儿要说的话，对于他人正在讲的内容完全不理会；比较自私，对别人很苛刻，对自己则有些放纵，所以人缘不太好；但是正因为经常关注自己的事情，所以善于思考。
习惯跷二郎腿	率真任性、开朗乐观和自信，会享受生活，能灵活应对复杂的人际关系；如果是用一条腿勾着另一条腿，则说明这个人做事谨慎，自信心不足，做事优柔寡断，给人一种性格复杂的感觉。
敞开手脚，手没有固定的地方	性格外向，人际关系比较好，喜欢在圈子里起主导作用，当然有时会自以为是；对别人的批评置若罔闻，坚持遵循自己的偏好去生活。
侧身坐在椅子上	性格像孩子一样顽皮，不擅长遮掩情绪。做事只求自己心情舒畅。如果对方因为自己的观念特异而批评自己，会增加他们的反感。
身体尽力蜷缩，双手夹在大腿中	有着很强的自卑感，性格上谦逊有礼但缺乏自信，习惯听从于别人，属于服从型性格。

（5）拿茶杯

有些人的性格特征和处事方式通过拿茶杯的特点可以看出来。具体见下表：

拿茶杯特点及性格分析

拿茶杯特点	性格分析
喜欢拿着杯子的上方	通常性格开朗乐观、胸襟开阔，不会计较那些细微的事情；能时刻保持积极向上的态度，对工作和生活都充满了信心。
喜欢拿着杯子的中间部分	性格沉着稳重，对人非常友好，很容易赢得别人的信任，人缘不错。社会适应能力非常强，交际手腕也比较高明。
喜欢手握杯子的底部	心思比较敏感细腻，性格温暾，容易受外界影响，经常焦虑不安。理想主义者，但是遇挫折时易灰心，在艺术方面会做出成就。
双手一起握着杯子并旋转	这种"把玩"表明他们内心空虚，需要有人慰藉。这种人表面随性豁达，却城府极深，虽然成熟老练，善结人缘，但没有长久感情上的朋友，只有利益上的朋友。
经常摇着杯子	性格比较开朗、积极好动，对很多事情都有强烈的好奇心及兴趣。始终在追逐新鲜、刺激的经验，做事没有常性。
一边拿杯子一边用手指夹着东西	两手一直不空着，这也代表他们有很强的自信心。他们很懂得根据自己的个性选择适合的工作。交际风格纯熟干练，有很好的说服能力，是个交际人才。

（6）敲门

敲门是我们日常经常需要做的一个动作，平常我们到领导或同事办公室的时候，都要先敲门，经允许后才走进去。一个人敲门动作的轻重缓急与内心力量的强弱息息相关，所以通过敲门强度、节奏、时间等，能从侧面分析出一个人的性格特点。具体见下表：

敲门特点及性格分析

敲门特点	性格分析
敲门声响亮，强劲有力	一般比较自信、内心力量强大。办事沉稳，行动雷厉风行，偶尔会有鲁莽的举动。这种敲门声代表要谈的事情非常重要。
敲门声绵软无力，让人觉得好像出现了幻觉	一般性格懦弱，做事畏畏缩缩，不敢承担风险和责任；他们缺乏自信，在与人的交往中比较被动，情绪消极。
用手掌把门敲得"嘭嘭"响，甚至拳脚相加，声音短促凌乱	一般是来者不善，或者是居高临下，看不起屋主。
敲门声温柔沉静、有节奏感，给人沉稳踏实的感觉	一般性格文静、柔和，办事条理性强，善于倾听，思维周密。
敲门声沉重迟缓	一般性格忧郁，感情细腻脆弱，沉浸在自己的世界中，喜欢幻想，缺乏自信。这种敲门声表示对方可能遇到了烦心事。
敲门声干脆利落	这样的人有气质、高雅，通身透露出一种艺术的气息，喜欢干净整洁，办事也利落、有魄力。

续表

习惯敲两下，停一下再接着敲	代表其心思缜密，做事习惯考虑外在的各种条件，性格上有些犹豫，容易出现因考虑太多而无法决策的问题。
均匀敲两三声，然后等主人应答	懂得自律和自我控制，有着良好的习惯和品格修养。这种敲门方式通常可用以表达敬意或者有事要求对方帮忙。
敲门声缓慢，敲两下就停下	可能心情较疲惫或沮丧，遇到了什么解决不了的问题。
敲门声像踩着欢快的鼓点，节奏感很强	性格开朗欢快属于乐天型的，对于任何困难都能从容面对，努力想办法解决，就像打不倒的"小强"。

（7）等电梯

等电梯的短短几分钟，也很容易看出不同人之间的性格差异。有的人处之泰然，有的人焦躁不安，有的人默守一隅，有的人高谈阔论，具体分析见下表：

等电梯行为特点及性格分析

等电梯行为特点	性格分析
拼命按电梯按钮，时常按捺不住，重复多次按	一般性子急躁，办事追求效率，时间观念比较强，是那种雷厉风行的行动派，进入工作状态就会如痴如醉，常会忽略周围的人或事。
主动与其他乘客搭讪	这种人性格开朗乐观、自信心强、宽容随和、头脑灵活，人际关系特别好。
不由自主地来回踱步，停不住脚	这种人神经较敏感，内心世界丰富，洞察力强，凭直觉来判断事情，并且比较相信自己的直觉和判断力。

续表

左顾右盼，不是看天花板就是看周围广告	心理防卫意识比较强，与人相处时为了不暴露自己的缺点往往会设一道防线，看上去会比较冷淡，但实际上性格温和、心地善良，他们交友更倾向于少而精。
低头盯着地面或自己的脚尖	平时看上去会比较沉默，但心地善良，不太爱公开表达自己的看法；他们通常容易相信他人和乐于助人，不太会拒绝别人，有时容易上当受骗。
盯着楼层显示灯	比较理性、稳重、为人小心谨慎、做事很有条理，自我防卫意识强烈，但不太喜欢插手别人的事，可能在一些人眼里显得有些漠然。

（8）办公室物品摆放

大家通常会在办公桌上摆放各种各样的物品，如仙人掌、办公包、小风扇等。每张办公桌上的物品都显示出一个员工的喜好。英国心理医生斯蒂恩教授经过长期的实验和求证，认为办公桌与员工的性格之间有着千丝万缕的联系，通过办公桌所呈现出来的种种表象，可以展现出一个人的性格特征。具体分析见下表：

办公室物品摆放特点及性格分析

办公室物品摆放特点	性格分析
办公桌杂乱无章	缺乏逻辑思辨能力，工作能力差，做事往往没有计划性，效率也极低。生活态度积极乐观，喜欢追求简单，但太过于随便，不拘小节，常常是草率马虎，得过且过，缺乏长远的眼光。

续表

办公桌干净、整洁	严于律己,生活有规律,做事有效率,有追求有干劲,习惯依照计划做事,应变能力相对差一些。
办公桌里存放纪念物	大多性格内向,不善与人打交道,情感丰富,心理较脆弱,经常独来独往。有一些怀旧情结,做事缺少足够的恒心和毅力。
桌面上整齐,但抽屉内却是乱七八糟	公私分明,事业心很强,性格沉闷,人际关系冷漠,不喜欢和别人打交道,做事没头绪和条理。
办公桌上没有装饰品	平时看上去会比较沉默,但心地善良,不太爱公开表达自己的看法;他们通常容易相信他人和乐于助人,不太会拒绝别人,有时容易上当受骗。

（9）坐座位

日本心理咨询网研究发现,人们出现在公共场合时,所选的座位会无意中透露个人性格的特征,这就是座位性格学。每个人在选择座位时都有自己的偏好,选择什么样的座位,在一定程度上显示了他是一个怎样的人。所以,座位也不是随便坐的。具体分析见下表:

坐座位特点及性格分析

坐座位特点	性格分析
坐在前排	自信坚强,这是一种积极向上的人生态度,选择坐这类位置的人大多比较自信而且意志坚强、思维灵活,做事积极主动,有领导力和号召力,不畏挫折,敢于担责。

靠墙坐	喻示缺乏安全感，这种人防御意识较强，性格敏感，做事小心谨慎，总是习惯把一切都掌握在手中。
坐角落	性格独立，这种人不喜欢热闹的环境，能安心于作壁上观，同样遇事缺乏决断能力，性情忧郁。
坐靠窗	喻示安静闲适，这种人内心敞亮，性格比较安静、稳重，喜欢舒适干净的生活，不喜欢喧闹，行事传统。
坐中央位置	喻示以自我为中心，这种人的自我表现欲非常强烈，做事说话喜欢以自我为中心，性格上自大狂妄、自私冷漠、不随和，他们过度关注自己，事业心比较强，做事争强好胜。

当然，这些行为特征和人的个性特点的对应关系并不是绝对的，只是见微知著，通过一些外在的面貌、衣饰、行为特征分析，可以帮助我们更全面地了解沟通对象罢了。

第四章

团队沟通场景

在职场中，我们经常要面临开会、就餐、饮茶、送花等各类工作及人际交往场景。在这些场景中如何照章办事，将人际关系处理拿捏到位，也需要我们在了解基本常识的基础上，不断摸索。

4.1 会议规范

职场中的会议是频繁的，在团队内部，也是各种各样的会议，这里着重介绍以下几点。

1. 会议通知。将会议主题、时间、地点、参加对象、议程等预先告知，以便与会人员及早安排。

2. 会议材料。需要提前准备完善，包括会议议程、领导讲话稿提前确认和熟悉。定稿完成的会议材料打印装订、分发。事先在演示设备上进行演示。

3. 会场布置。挂横幅还是打字幕、用不用显示屏或投影仪、设不设主席台、安不安排茶歇，要事先根据会议性质做好安排。

4.座位安排。根据领导排序来安排座位。主席台就座领导为奇数的，与会最高领导在正中间就座，左侧是与会领导中排序第二位者，右侧是与会领导中排序第三位者，这样依次交叉排座。主席台就座领导为偶数的，与会最高领导在正中线右侧第一个座位就座，与会领导排序第二位者在正中线左侧第一个座位就座，后边依排序交叉安排。

其他与会人员，如已安排了座位，请他们在指定座位上就座；如未安排，请他们在指定区域就座，但不建议主动坐后排。

5.着装要求。一般按规定着装，没有规定的，尽量着正装。

6.其他要求。如开会不迟到早退，手机关机或静音，不宜频繁离开会场去接听拨打电话或玩手机。携带笔记本，视内容做一些记录，不宜两手空空去赴会，会议材料如果属密级文件，会后要按保密文件存档等。

4.2 宴请习俗

中国是文明礼仪古国，也是餐饮文化大国，饮食文化源远流长。吃不仅是每个人生活的必需组成部分，也是团队沟通的一种重要方式。这里主要探讨本单位内部公务宴会和同事私人聚会。

1.职场宴会的功能

据说"饭局"这个词起源于宋代，"饭"与"局"结合，就是指通过吃饭的形式达到某种改变情势的目的。

和正式的公务饭局不同，团队同事之间的饭局因为彼此熟悉而轻松，这些饭局是团队运作的润滑油，是同事之间加深了解的平台。因此团队聚会能参加应尽量参加，不要无故找借口推辞。因为同事圈是个特殊的交际圈，同事之间的饭局其实就是延伸的职场，是一种特殊的交际，要融入单位这个集体，你就必须去交际。找借口不参加，就意味着自行切断了这个交际途径，自动脱离了这个特殊的"组织"。总体来说，"团队饭局"具备沟通交流信息、加强感情、拓展人际、化解矛盾、娱乐放松等功能。

2. 宴会中的角色定位

饭局的构成中一般有以下几种人：组织者（请客人）、主宾、副主宾、主陪、副陪、其他参与者。我们参与饭局，应明白自己的角色。

（1）组织者。俗话说"无功不受禄"，没有任何名目地请人吃饭，别人心里吃得不踏实，一般也不会来。组织者首先一定要提出一个由头，也就是为什么请客，需要一个容易被人接受的理由，比如完成任务、升职、生日、放假等，或一个容易被主宾接受的人出面。

（2）主宾。饭局的主要宴请对象。

（3）副主宾。饭局的第二宴请对象，职场内一般是比主宾职级低的客人，副主宾自己在正式表态答应前，如果跟主宾熟悉的话，最好先确认主宾的态度。

（4）主陪。宴会组织者名义上就是主陪，如果你在参与接待人中级别最高、威望最大，组织者按惯例就会请你担当主陪。

（5）副陪。评估主陪、主宾、副主宾的关系，一般组织者请你出场，事先也应该做过功课的。

（6）其他参与者。根据组织者安排，随性参与，不要喧宾夺主，也不宜过量饮酒吃菜。

适当地请下属吃饭，可以博得下属的好感，融洽人际关系，为工作增添润滑剂。俗话说"一个篱笆三个桩，一个好汉三个帮"，能力再强的领导，也要把下面人团结好，靠大家配合与支持。

3. 座位安排

总的来讲，座次是"右手为大""面朝大门为尊"。若是圆桌，则正对大门的为主人（或主人委托的代表），主人左右两边的位置，则以离主客的距离来看，越靠近主客位置越尊，相同距离则右侧尊于左侧。圆桌一般就以主陪为核心左右分布就座，也有分设主陪、副陪，面对面相坐，主陪、副陪两侧分别安排，主宾一、主宾二，主宾三、主宾四就座。若为八仙桌，则正对大门一侧的右位为主客；如果不正对大门，则面东的一侧右席为首席。若为大宴，桌与桌间的排列讲究为首席居前居中，左边依次二、四、六席，右边为三、五、七席，根据主客身份、地位、亲疏分坐。

主人应该提前到达，然后在靠门位置等待，并为来宾引座；被邀请者则听从东道主安排入座。

一般来说，如果你的领导出席，应该将领导引至主座，然后请其他来宾中最高级别的坐在主座右侧位置（如果有几位领导，则为职级最高的一位）。

4. 常规点菜的技巧

（1）定标准，考虑客人的身份及宴请的目的，做到丰俭得当。根据宴请规格及所在饭店档次来估算宴请标准，由饭店统一搭配安排，这样做一是方便，二是相对实惠，可以事先对饭店提出重要菜、大菜、特色菜的要求。

（2）自己点菜，根据人数确定菜品数量，参加人数较少的，一般人数加3，参加人数在10左右，人数加2，也可以提出几个主要菜肴，并征求有无忌口意见。

（3）根据客人的籍贯、民族、年龄、职业特点、个人兴趣大致推断出其口味就再好不过了。但如果实在是难以推测，点相对保守的菜，即所谓中性的菜。

（4）菜肴组合，菜应有冷有热，荤素搭配，主次分明，要有一个贵重的或特色的主菜，以显示宴请的规格。

5. 饮酒注意事项

饭局离不开酒，敬酒也有讲究，主要是看自己在饭局中的角色，这里以普通参与者的身份来介绍几个喝酒细节供参考。

（1）主陪、主宾等领导相互喝完后才轮到自己敬酒。

（2）一般一次敬一个人，也可以多人敬一人，除领导或特殊贵宾外，不可一人敬多人。

（3）敬酒一定要站起来，双手举杯。不能喝完，事先口头打个招呼，一般小杯宜"我喝完，你随意"。

（4）敬酒碰杯时，自己的酒杯要低于别人。如果是领导，则不要放太低给别人留点空间。

（5）如果没有特殊人物在场，敬酒最好按顺序来，不要厚此薄彼，不要间隔或跳跃。

6. 添加联络方式

饭局中留个电话、加个微信好友都是常事，一般要事先跟对方打个招呼，征得对方同意，有时与领导初次相见，添加了微信申请后，对方如果迟迟不验证通过，也不必催促。

如果要联系的是你领导的朋友或伙伴，事先应悄悄向领导提出口头申请，得到允许后再加，领导的这些资源，先尊重再共享。

7. 如何离席

宴席中途如果有人离开，而引起一桌人一哄而散；或中途悄无声息离席，都是宴会中煞风景的事。主宾、副宾、副陪，如另有活动需提前离席，应事先跟主人专门打好招呼。

离席要选择合适的时机。一般情况下，当有人中途离席时，宴会整个气氛势必会受影响，谈话也可能会被迫中止，大家会将视线集中在那些即将离席的人身上。所以你一定要注意选择告辞时机，不要在大家聊天聊得正热烈时，或重要的事情还未宣布前就离开，如赴宴时已确定提前要走，最好开席前悄悄跟主人打个招呼。

切忌悄悄自行离席。客人如确有急事需先行告辞，应向主人说明原因，表示歉意；同时，为了不影响他人，可以请同桌其他的人待久一点，继续刚刚的话题，表示歉意，并解释自己先行离去的理由。

8. 宴会结束

正常情况下，一般只有主人或主宾才有权宣布宴会结束，其他人可向主人或主宾，视情况提出建议。离席时应让主宾、年长者和妇女先走，贵宾一般是第一位告辞的人。身份同等的人可同时离座，其他人依次。主宾或主人的陪同，可悄悄先行离席，做离开的准备。

4.3 饮茶礼仪

中国人热情好客，讲究感情。在职场当中，无论是领导还是同事洽谈公务，一般都会备点茶水用以接待，对数千年来约定俗成的茶文化，我们也应该了解一些。

1. 茶具要清洁卫生，久置未用的茶具，最好冲洗一遍，如用单位一次性纸杯，最好加上杯托，以免烫伤。

2. 斟茶之前，征询对方意见，要茶叶还是白开水。爱好不同、季节不同，需求均不一样。

3. 斟茶顺序，按领导职务或来宾资历顺序倒茶。一般情况下，来宾也是按此规则就座。递茶杯的时候，一般双手给别人端茶，要把握好位置，杯柄要在客人伸手握杯方便的角度。

4. 茶叶、茶水适量。斟茶不能满杯。茶水是热的，满茶杯时容易溢出和烫伤客人之手，甚至失手致茶杯摔地打碎。

5. 接受斟茶时，要致谢回应。除嘴上话语外，也须有动作来表达。领导、师傅喝茶，用中指在桌上轻弹两下，表示感谢；同事、徒弟喝茶，用食指、中指在桌面轻弹两下表示感谢！

6. 满茶送客，一阵洽谈之后，为了表示结束，而对方却无主动离开之意，可在其杯中加满，隐含送客之意。

4.4 乘车礼仪

乘车礼仪相对简单，主要是文明准时，关键点是位置不能坐错。以小轿车为例，驾驶员驾车，后排右侧为第一领导或贵宾座位，后排左侧为第二领导或贵宾座位，副驾驶位置为秘书、随从或主人，如主人排序在第二领导或贵宾前，主人可以到后排左侧座位，第二领导或贵宾到副驾驶位置就座。如果是领导开车，主宾是大领导，仍然坐后排右侧第一位置，主宾是同僚或下属，那就应该坐在副驾驶位置。

第五章

沟通媒介

人与人沟通常见的媒介有语言、文字、眼神、表情、姿态等，随着通信技术和互联网技术的发展，电话、微信、电子邮件、语音信箱等媒介都成为人际交往中重要的沟通工具。

5.1 书面文字

文字因记录语言而产生，能克服语言沟通交流在时间、空间上的局限，书面沟通适合传达事实和意见，尤其是重要、复杂困难的信息，也便于存档保管，从而方便回头重新查证、分析。

下面重点介绍一下应用文的类别。

1. 通知：适用于传达要求下级单位办理和有关单位需要周知或者共同执行的事项，批转下级单位的公文，转发上级单位和不相隶属单位的公文，任免和聘用人员，发布规章制度。

2. 请示：适用于向上级单位请求指示、批准。

3. 决定：适用于对重要事项或者重大行动做出安排、奖惩有关单位及人员、变更或撤销下级单位不适当的决定事项。

4.决议：适用于对某些重要决策事项经过法定会议讨论通过，并正式公布，要求有关单位和人员贯彻执行，具有法规性、指导性的公文。

5.命令（令）：适用于宣布实施重大强制性措施，批准授予嘉奖等。

6.公报：适用于公布或报道重大决定或者重要事项。

7.公告：适用于公布重大决定或者重要事项。

8.通告：适用于一定范围内公布应当遵守或者周知的事项。

9.意见：适用于对重要问题提出见解和处理办法。

10.通报：适用于表彰先进、批评错误，传达重要精神或者告知情况。

11.报告：适用于向上级单位汇报工作，反映情况，答复上级单位的询问。

12.批复：适用于答复下级单位请示事项。

13.议案：适用于按照程序提请审议事项。

14.函：适用于不相隶属的机构之间相互商洽工作、询问和答复；向平级单位请求批准和答复审批事宜；也适用于请下级单位协助工作事宜。

15.纪要：适用于记载、传达会议情况和议定事项。

除正式的应用文外，书面文字还包括散文、小说、诗歌、信函、便条等，在此不一一详述。

值得注意的是，公开信、倡议书这些应用文日常使用不多，但在特殊场景下往往效果出奇。比如，年前开门红、年终冲刺，都有可能通过给员工发公开信、倡议书来激发员工斗志。

5.2 电话

电话沟通双方可以突破空间限制，能方便迅速交换意见，节约时间和差旅费用，不足之处是不利于个人关系建立，也缺乏非言语信号。电话交流应该注意以下几点。

1. 电话里交流应该以情感动人

在电话里与对方说话应该充满情感，激动时也可以加上肢体动作，否则你讲出来的话干涩冷漠，对方听到声音就知道你的心态，容易阻隔两人的感情交流。如果现在很难过或正在考虑难题，你很不乐意有人来打扰，可此时突然来了电话，那你在接过电话之前，要先暂停几秒调整一下情绪，不要把自己的烦恼和不快传染给对方，更不能因对方在不恰当的时候打来电话而发怒。

2. 声音清晰，发音准确

通过电话交流时，声音是你唯一的沟通介质。其他的沟通是通过声音传导过去的。所以，传到电话那端的必须是一个清晰、有力、让人感兴趣的声音，同时，音量要适中，发音清楚。

3. 形成互动、有效的沟通

电话交流是双方互相回答、听说互动的过程。如果你要同对方谈话的内容太长，应先问问对方方便不方便，有没有听清，有没有什么看法。

"你现在忙吗？要五分钟才能讲完，你介意吗？"

"刚才我说的一段，你听清楚了吗？要不要我重复一下？"

"你怎么看刚才这件事？"

电话交流也要通过互相的沟通，对方和你交谈时，你要边听边说"对""不错""很好"，这些话不要长，一两个字就行，目的是让对方知道你在很认真地听他讲话，那么他讲话就会更有精神。

4. 礼貌客气，注意礼仪

在和别人打电话的过程中，不管接你电话的人是谁，你都应很礼貌、很客气地与对方谈话。你礼貌客气，对方才会乐意听你说。特别是万一你要找的人不在，你需请接电话者转告某事，要给予致谢。拨打对方座机，如对方占线，可通过手机微信发送信息予以说明，待方便时再联系。

5.3 微信

现在微信已成为人们日常沟通交流的重要工具，关于微信沟通交流的规则约定大家的共识已逐渐形成，有人称为"微德"。

下面，根据大家在现实生活中发微信或朋友圈的一些日常行为，整理了 9 条"微信军规"。

1. 不转发带有强制性的信息。每个人的信仰与价值观是不一样的，你喜欢的，别人不一定喜欢。尽量别群发求赞、求转发、求投票的信息。不要转发带"诅咒转运，转发会走运、不转发会倒霉"这种信息。尽量别推介自己完全不能保证品质的东西，即使是帮朋友，也要注意一个限度。

2. 不随便拉别人进群。尤其是购物群、活动群、股票交流群，邀请链接发一遍对方没反应，就别一遍遍发了。有些群贸然进去，说不定就是陷阱，对朋友是不负责任的。

3. 不要在别人朋友圈评论里说涉及人家隐私的事情。尽量别把跟朋友的私人对话截图到朋友圈。特别想截的话，要么取得别人同意，要么涂掉朋友姓名，以确保不会给朋友带来任何困扰。

4. 慎重截屏转发。团队沟通过程中，往往有上级领导的沟通信息，也有同事或其他人的意见观点，这些信息是特定场景下与个人的交流，截屏转发有可能存在断章取义或引起误解的地方。

5. 多用文字信息。微信支持文字、表格、语音、视频、图片的传输，极大地方便了沟通双方。尤其是微信语音，直接对着手机说话就能完成，受到许多人的喜爱。虽然方便，但在现实使用过程中，要注意慎用语音，语音信息在接收方开会或有他人在场等情况下，是不方便收听的。

6. 严谨选字用词。微信尽管有撤回功能，但预留时间很短，而微信信息一旦发出后，对方或群组人员微信聊天框中就留有痕迹，即使有撤回的，其他人也可能当时就截屏留存了。因此，微信发布尤其是涉及关键内容、敏感信息的发布，要注意词句的严谨。

7. 表情运用要合理。比如"OK""欧了""知道了""么么哒"。为方便微信沟通交流，表达情感，一些程序商制作了很多表情包，供大家选择使用。在使用时，一定要选择贴近场景和内容的表情，另外在点击时要看准避免误发。一种表情实际上就是代表一种沟通含义，除熟人间有意逗笑之外，平时还是严谨点好。

8.合理添加好友。微信添加好友有多种方式，诸如雷达加朋友、面对面建群、扫一扫、手机联系人（添加或邀请通讯录中的朋友）、群聊等，职场一般同事添加朋友禁忌不多，最好的办法是当面口头沟通，然后在对方同意后添加，应提示自己的身份，让对方知道。如果是通过电话号码、微信号搜索或群聊等添加的，涉及对方验证通过，应提示自己的身份，让对方知道。如果发送添加申请后，对方没有验证通过，一般不反复发送。

9.最好不要频繁换名字和头像，大部分人都不会备注联系人姓名，你今天是"辣妹"，明天是"可爱的小猪猪"，后天变成"疯狂的斗牛"，对方很可能反应不过来。

5.4 电子邮件

电子邮件自20世纪80年代兴起，即成为互联网时代非常普及的职场沟通工具。采用电子邮件来沟通，也有一些注意事项。

1.发邮件，最好另外渠道告知

首先要考虑沟通对象是否有邮箱，是否习惯使用电子邮件，是否经常登录电子邮箱，特别是微信逐渐成为主要交流工具后，有些人已不再经常登录。为确保沟通及时成功，我们在发送邮件之后，可以给对方拨打一个电话，或发送一条提示短信："××您好，我刚发送一封电子邮件到你××邮箱，请您方便时查收"。

案例：

一次，公司要召开月度工作会议，总经理安排办公室职员李晨负责筹划工作会议日程及会务事项，李晨当天晚上就加班完成了任务，并把方案以电子邮件形式发到总经理的个人邮箱里。领导开会前两天，总经理打电话催问李晨，怎么还没把方案做好？李晨回答说，几天前就已发到总经理邮箱。原来总经理这些天比较忙，没有登录邮箱，总经理提醒李晨，千万不要以为已经发出邮件，对方就能在第一时间关注到。重要的事项，最好通过电话、短信等其他方式再提示一下，这样才能避免误事。

在发送邮件之前，我们要仔细检查对方电子邮箱地址是否准确，邮件主题是否明确，内容是否与主题吻合，表达是否清晰，尤其值得注意的是，邮件一经发送，便不可撤回。在现实中，我们也可以看到把电子邮件作为重要证据的诉讼案例。此外，电子邮件对收件人礼仪格式的相关要求参照书信的相关约定。

邮件最后请署名，平时联络不多的话，写上联络电话。

2. 收邮件

及时回复告知，要养成每日至少登录一次邮箱的习惯，避免遗漏，并仔细回复告知。

5.5 语音信箱

语音信箱是一个给别人留言的系统，以前是对电话未能接听的补救服务，现在很多时候，电话如果没有接听，就通常会提示将自动转到语音信箱。

为了方便对方在语音信箱留言，很多人都已事先录好请对方留言的招呼语。此外，大部分的语音留言系统都可以让你把留言一次传给好几个人。

对许多人来说，语音信箱可以不挂电话就直接留言，比写电子邮件重新发信息简单。

语音信箱的不足之处在于，不方便就沟通交流的内容即时讨论，而且一个单位里，可能大家都有语音信箱，但经常使用的人不多，对复杂的内容，留太长的留言，沟通体验也不太好，对方听起来也很累。

要注意经常听信箱留言，以免长时间收不到对方的信息，不能给对方及时回复。如果你要外出或出差一段时间，无法听留言，最好在信箱的招呼语中特别说明。

沟通方式

沟通的方式按不同性质分为多种，这里重点谈三组对立统一的沟通方式。

6.1 隐性沟通与显性沟通

工作与生活中，我们常见的见面会谈、写信、打电话、发信息、拍手、点头、大笑等沟通方式，大多直截了当、一目了然，这些都被称为显性沟通方式。

还有一种沟通方式，表面上看，无具体沟通内容和目的，甚至是下意识的一些行为，但仍旧不停地向外传递着信息，我们称这类沟通方式为隐性沟通。隐性沟通不是主动行为，即使我们不使用语言文字，不采用刻意的行为，沟通依然存在，并能给别人留下印象，发挥作用。

为了避免产生负面影响，我们日常工作生活中要关注自己的行为，既要善于利用显性沟通，又要合理利用隐性沟通。人们常说，机会是留给有准备的人的。这里的准备，在显性沟通方面，大家有差距，但不会太大。其实最容易拉开差距的，就是我们很多人都不注意的隐性沟通行为。

隐性沟通既反映了自身的素质修养，也为显性正式沟通做了铺垫。我们要强化自律行为，日积月累，形成自己在别人，尤其是领导心中更完美的形象。

职场常见隐性沟通的一些表现，如着装、就餐、参加工作等，都会潜在影响别人对你的看法。以工作用餐为例，在食堂吃饭，不宜在下班时间前到达餐厅，以免给别人留下早退印象。正常按秩序排队取餐用餐，饭菜不宜浪费。就餐不大声喧哗，餐毕后，将餐盘、食物残渣等收纳妥当放到指定位置，不宜随便扔在餐桌上，自己扬长而去等，这些行为看似不起眼，却能不经意间形成别人对你的评价。

从上可见，沟通无处不在，很多看似习以为常的小动作，就透露出一个人的作风与素质。所以，在日常生活中，我们不仅要做好自己，也要学会从一个人的工作、生活细节中了解其性格特征，以便更好地改善我们的人际关系。

6.2 正式沟通与非正式沟通

根据工作性质来分，团队沟通分为正式沟通和非正式沟通。

正式沟通一般指在团队系统内，通过固有的组织和结构按照规定的方式进行的信息传递与交流，比如工作谈话、文件传阅、召开会议、会晤、信函、请示、报告等。

这种职场沟通方式由于对信息的传达途径、格式及对象有具体规定，因此比较严肃、约束力强，代表组织沟通，具有权威性、保密性强的特点，适用于重要的信息传达。不足之处是沟通方法过于刻板、没有人情味，沟通成本高，速度慢，特别是在组织层级较多的情况下，容易出现信息失真，出现"上有政策、下有对策"的弊端。

非正式沟通一般是指发生在非职场工作时间或场所的沟通，一般以职场团队成员之间的交往为基础，通过各种各样的社会交往而产生。具有表露真实想法、拉近人与人之间的距离、形式灵活、方便快捷等优点；在日常生活中，阅读、聊天这样的非正式沟通，可以相互交流感情、想法，缩短人与人之间的心理距离。

非正式沟通能弥补正式沟通的不足，传递正式沟通无法传递的信息，交流内心真实看法，为决策提供真实信息，也能减轻正式沟通的负荷量，促使效率提高。有时也是正式沟通前的预沟通，其作用与正式沟通相比毫不逊色。

非正式沟通的缺点是有沟通信息容易失真、信息太随意、沟通过程难以控制等问题，有时候处理不当还会出现破坏组织团结的现象，形成小圈子、小团伙，影响团队的凝聚力。

我们常说的一些八卦小道消息，往往都是通过非正式沟通传播的。古话说"隔墙有耳""群处守口，独处守身"就是提醒我们，背后少议论他人，这不仅是避免自己落人话柄，被他人记恨的保身之术，也是尊重他人的优良品质表现。

当然，在实际工作中，采用正式沟通还是非正式沟通，还是两者交叉运用，要结合沟通双方的沟通内容、场景等灵活运用。

6.3 直接沟通与间接沟通

直接沟通就是沟通者与沟通对象直接进行交流，比如谈话、会议。当然，也并非一定要像上面的情形那样在同一个时空中，不同的时空也可以进行直接沟通，比如信件、微信、邮寄物品等。

间接沟通就是通过第三方转达式沟通。通过第三者提醒，能够有效缓解对方的成见和反感情绪。但是，在使用这种方法的时候，在对传话人的选择上一定要慎重，应避免"狐假虎威""词不达意"，以免让沟通对象产生误判。

案例：

有一次，苏轼去拜访王安石，恰好王安石不在家，但见其书桌砚台底下压着一首未写完的诗："昨夜西风过园林，吹落黄花满地金。"苏轼想：菊花有傲霜之骨，花瓣怎么会四处落？王安石错矣，苏轼于是挥笔续诗："秋花不比春花落，说与诗人仔细吟。"

不久苏轼去后花园赏菊，正值刮了几天大风，园中菊花枝上一朵花也没有，也是落花缤纷，满地铺金。苏轼傻眼了，想起那两句续诗，非常羞愧，想亲自向王安石道歉，但又担心解释不清，自讨没趣。苏轼想了一计，邀请王安石的诗友王令来家中做客，然后向他述说那天乱续诗句的事情，并诚恳检讨，表达了对王安石深感惭愧内疚之情。后来，王令将苏轼的歉意转告了王安石。王安石知其良苦用心，也消除了对苏轼的隔阂。

在这个例子中，苏轼属于不便亲自登门道歉的情形。一来，自古以来都是文人相轻，好面子；二来，两人在政见上分歧很大，王安石推行新法，苏轼阻挠。如果苏轼亲自登门解释一番或检讨，王安石恐怕会更加生气，或视之为虚情假意，难以取得预期的效果。于是苏轼巧借第三者之口，转告自己的歉意，使王安石更容易接受。

有时候，人们会通过一些言行举止来间接表达自己的意见。比如：嘴上说好，动作或表情相反，实际上间接表明了含义。

案例：

小张对车间主任工作分配不公一直有意见，但车间主任是领导，小张从来没有与车间主任争吵过。有一次上班，小张骑自行车，在工厂门口恰巧碰到车间主任也来上班。小张表面上打了声招呼"你好"后，赶忙下车蹲下来查看自行车，好像自行车出故障了。小张直接的沟通是表面上问好，下车假装看车从而避免和主任一起走，这就是间接的沟通，隐含了一种反抗。

值得注意的是，如果某个同事，尤其是领导与你一直通过第三方进行间接沟通，但他们实际也不是很忙，你也不是很难找的情况下，这可能是一个不良信号。你要有意识去寻找原因，找机会争取直接沟通，毕竟直接沟通可以获得更多更准确的信息。

团队沟通：从新手到高手

能手篇　团队沟通必备的基础能力有哪些

团队沟通能力指在团队中，一个人与他人有效地进行沟通信息的能力。一个具有良好团队沟通能力的人，可以将自己所拥有的专业知识及专业能力进行充分的发挥，并能给对方留下"这个人最棒""这个人能行"的深刻印象。

关于沟通到底需要哪些能力，很多专家和学者都给出过不一样的解读。搜狗百科中指出，沟通能力包含着表达能力、倾听能力和设计能力（形象设计、动作设计、环境设计）。沟通能力看起来是外在的东西，而实际上是个人素质的重要体现，它关系着一个人的知识、能力和品德。

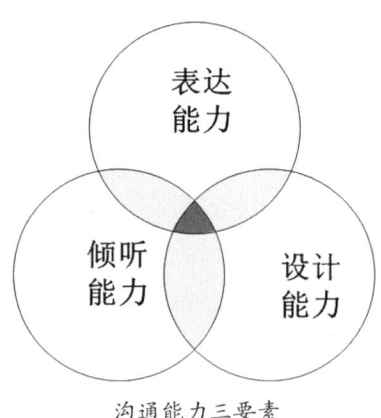

沟通能力三要素

姜维在《沟通金字塔：思考、表达、实现的策略和技巧》

一书中，将沟通活动中所需要的能力分解成"说、讲、写、行"四个层次模块；其中"说"和"讲"实际上都是口头表达能力，"写"指的是书面表达能力，"行"指的是非语言表达能力，包括自我认知能力和设计能力。

《沟通圣经》的作者尼基·斯坦顿则认为沟通能力主要分为听、说、读、写和非语言表达五个方面。

结合以上观点，具体应用到团队沟通上，我们认为沟通能力主要包括以下六个方面：自我认知能力、表达能力、倾听能力、提问能力、情绪控制能力、设计能力。

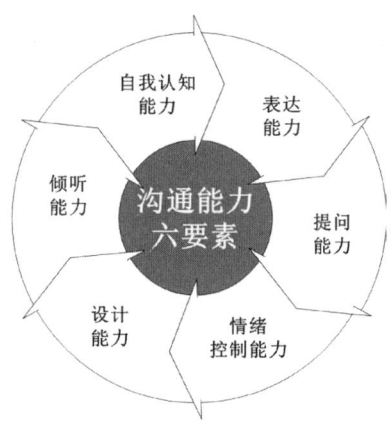

第七章

自我认知能力

自我认知是以"自我"作为认知对象，是个体对自己的认识。心理学认为"自我"既是认识的主体，也是认识的客体。自我概念是指你对自己所持有的相对稳定的知觉，不仅包含你的身体特征，也包含你的情绪状态、天分、喜好、价值观、角色等。

自我认知是团队沟通的基础，沟通坐标轴的原点。如果没有自我概念，也就不可能与世界有所联系，自然也谈不上沟通。只有明白了"我是谁""我在什么岗位""我的领导是谁""我能做什么""我有什么需求""我跟要一起沟通的他们是什么关系"这些自我的判断，我们才有可能做出合理的沟通行为。

7.1 基础：明确角色定位

角色原是戏剧电影中的名词，专指剧本中的人物，不管是谁，担任了这个角色就要按照这个角色的行为规范行事，社会关系学就是借用这个词义表明在一定社会关系中，某种角色所约定的一套行为模式。

我们每个人在社会上都是多种身份、多种角色，是父母的孩子，是领导的下属，是单位的员工，是老师的学生，等等。在团队沟通中，由于大多是职场的角色驱动，担任某种角色，就有一套如何沟通的期待。角色不能错位，错位后就会引起冲突，进而影响到当事人的沟通效果。比如，某银行网点柜员王娟，其父亲是某大型企业的高管。王娟在家里是父母的掌上明珠，她却把这个角色带到了单位，经常趾高气扬，一副高高在上的样子，恨不得全团队的人都围绕着她转，很多同事跟她无法正常沟通，她自己也感觉到了孤立。

值得注意的是，我们常常是借着跟别人比较来判断自己。因此，我们在进行自我认知的时候，要客观冷静些，不要过早过急地给自己下结论。同时，人都有学习能力，有成长性，且都可以在工作、生活中不断完善与提升。

7.2 关键：提升个人格局

"格"是对认知范围内事物认识的程度，格要细；"局"是时间与空间认知范围的大小，局要大。通俗地说，格局就是你看待事情的框架背景。

职场上同样如此，不同的格局决定了不同的行为，自然会产生不同的结果。比如团队利用周末业余时间组织一场沟通能力培训，有的人认为沟通又不是我现在岗位的专业，听不听无所谓；有的人认为，我就是普通员工一名，又不是什么领导，学沟通有什么用啊；有的人倒是来了，一看团队领导没来，坐在教室里不停地刷手机；但也有人觉得这是难得的学习机会，是单位为员工成长提供的福利，对个人今后综合成长非常有帮助，于是听得很认真，互动也多，自然收获也很多。

在我们日常工作中，一些初入职场的"菜鸟"，由于没有工作经验，业务不熟，总是会被安排做一些打杂的小事。有的人，尤其是一些大学毕业生，认为这些工作太无聊，于是态度上敷衍了事。有的人则认为，年轻人就是要以小事杂事和从普通岗位做起，如果这些事情都做不好，又如何能做大事，承担更大的责任呢？他们通过这些不起眼的工作，积累工作经验，培养职业素养，建立职场人际关系；他们能摆正位置积极看待他人，妥善面对不公平，淡化所谓委屈，忍受收获之前默默无闻的努力付出，不仅工作愉悦，也受到领导与同事的一致好评。有这样格局的人，以后的事业发展会前途无量。

身在职场，如何提升个人格局，在团队中脱颖而出？要具备以下五点思维。

1. 目标思维。规划好自己的职业生涯，制定好发展目标，这个目标时间跨度要长，目光放长远。引领好自己一步一步提升，不拘泥于一时一事的得与失，看淡一时一事的赞与批。

2. 站位思维。在日常工作中，凡事从高一个层次来看待自己的工作和表现。在员工岗位，就要从主管的角度，在主管岗位，就要从部门经理的视野出发，让思维走在实际岗位的前面。

3. 担当思维。职业生涯中，越往上走，担当的责任就越重，压力也越多。因此遇事不怕，遇矛盾不回避，懂得迎难而上和主动担当，才有更多锻炼机会，也才容易被上级领导看中。

4.学习思维。如果习惯于经验做事，只做自己能干的事，在舒适区内工作生活，那是很难提升的。只有养成良好的学习习惯，提升自己的理论功底，日复一日，学习借鉴成功人士的经验和思维方式，不断充实、更新自己的知识体系，才会有向上突破的能力。值得注意的是，提升格局不仅要自明自学自悟，也要放下羞涩心理，主动请高人名师指点。

5.成长思维。斯坦福大学教授卡罗尔·德韦克曾经在她的著作《终身成长》中说：拥有"成长型思维"（Growth Mindset）的人认为，任何能力和技能，都可以通过后天努力而得到发展。遇到挑战时，他们更乐于接受挑战，并且积极提升自己的能力和技能。以成长思维去关注其他同行、其他行业先进理念、思路，以好奇的心挑战新鲜事物，寻找自己更多的成长可能性。

7.3 难点：看清他人眼中的自己

在职场中，有效团队沟通的前提是沟通者准确判断并定位与沟通对象关系的亲近度。我们常听人说"你这就见外了""你这就生分了"，这话的意思实际上就是两个关系亲近的人，沟通交流的方式过于中规中矩。那么，如何判断自己与沟通对象关系的亲近度呢，以下六个方面可以作为重要参考。

1.距离。人与人的相处都有一个安全距离。自然状态下的开会、用餐、走路，能靠近的亲近度肯定高，两个人如果能时常有身体触碰，比如拉手、搭肩，更能显示两个人的亲密状态。

2.称呼。人与人交往，都有称谓，每个人都有姓名、岗位、资历，同样一个人，可以有多个称呼，不同的称呼，也隐含着不同的亲近关系。

3.时间。沟通对象对你发出的沟通请求响应的时间快慢。正常状态下，回应请求快的，亲近度高；随时接待，甚至可以中断正在进行的事项来响应你的请求的，亲近度更高。

4.分享。同事之间如果分享过用品，包括工具，交流过各自的故事、分享过朋友圈，尤其是私人物品共用分享的话，双方亲近度肯定比较高。

5.兴趣。工作之余，是否约你一起参与一些读书、打牌、观影等兴趣爱好活动。在工作生活中有没有共鸣，两个人看问题办事情的角度是否一致，也比较容易判断是否亲近。

6.补位。在团队内部，同事间有合作，也有竞争，如果一个人主动补位帮助你，这个人跟你的亲近度应当比那些袖手旁观者要高。

第八章

表达能力

在沟通能力中，表达能力无疑是第一位的。在现代社会，如果说沟通能力犹如一个皇冠，是一个人的核心竞争力，那么表达能力就是这个皇冠上的宝石。表达能力分为口头表达能力和书面表达能力。

8.1 口头表达能力

说话几乎是人人与生俱来的生存技能，但如果仅仅会张嘴讲话，还上不到沟通的层面。从表达能力角度看，说话要体现准确、才能和智慧，才算得上是口才。成功学大师戴尔·卡耐基曾经说过："当今社会，一个人的成功仅有一小部分取决于专业知识，而大部分取决于口才的艺术。"口头表达能力强，小则可以讨人欢心，顺利传递信息，大则可以安邦定国平天下。

1. 提升口头表达能力综合训练技巧

（1）练习优选词句

第一，少用"但是"，多用"如果"句式。"虽然 A 事件，但是 B 事件"这种句式是团队沟通中常见的，虽然表面上指出

B事件，实际上已经顺带否定A事件。把"但是"这个词换为"如果"，整个效果马上就发生变化了。

案例：

我们想让员工晓丽的业绩再提升，通常的表达方式是："晓丽，这个季度你进步不小。但是工作态度再认真一点，会更棒。"我们分析一下：晓丽在听到前半句时，可能会感觉很好。听到"但是"后的下半句，她就开始怀疑你之前的赞美是否有诚意。对她而言，你的"赞美"只是换个方式的批评。并且，一旦她对你不再信任，就很难再有所改变。其实，我们只需把"但是"这个词换作"如果"，整个谈话立马会变得容易被接受。看这句话的表达效果："晓丽，这个季度你进步不小，业绩有长进。如果工作态度再认真一点的话，你的进步会更大。"这样表达效果是不是好多了？

第二，尽量用短句。短句的优点是每句体现一个意思，内容简洁明了，自己说得轻松，对方也轻松，简洁明了，容易取得效果。

第三，人称代词多用我们、咱们。人称代词有我、你、我们、你们、咱们等。在沟通负面信息时，"你"字陈述往往隐含着对对方做不到位的抱怨。如"你把车间弄得太乱了"，这样容易引起对方的防卫和抵触，对方也不容易接受，最好调换成以"我"为主语的语言，为说话者提供一种较为准确，同时又柔和的方式来表达看法。如"我不想看到车间很乱。"当然，在有些用"我"字的陈述中，会让人听起来有点以自我为中心的味道。所以，最好用"我们"这个代词。"我们"人称代词的语言暗示着所沟通的话题是沟通双方共同关心并负责的，形成一种建设性的沟通氛围。有时候人们还把"我们"用"咱们"来替代，显示双方关系的亲密度。

（2）优化词句顺序

表达上，因为字的排序不同而导致表达的结果截然不同，这种妙语生花的经典案例在历史上比比皆是。

案例：

曾国藩1854年率湘军与太平天国作战，三战三败，几乎全军覆没。曾国藩给朝廷写奏折，其中写道"屡战屡败"，其幕僚建议将"屡战屡败"改成"屡败屡战"，字词的排列一调整，曾国藩这个败军之将一下子变成了敢于牺牲、为朝廷奋战的栋梁，结果曾国藩不但没有被削职问罪，反而加官晋爵，升为两江总督。中华文学博大精深，遣词造句确实很有讲究，值得好好琢磨研究。

在职场中，我们在表达上也应该向他们学习，把对方最关心的内容、最感兴趣的价值观摆在前面，这样更容易获得沟通对象的认可和共鸣。

（3）多用强势句式

语言的交流，一般讲究简洁明了，但这并不是绝对地说，少说为好。很多情况下必须通过对偶、排比等句式来予以强化，从而取得更好的沟通效果。例如：

· 生活中遇到困惑，主动到讲话中寻找答案；工作中遇到难题，主动到讲话中寻找办法；训练中遇到瓶颈，主动到讲话中寻找动力。

· "看得出来"，是实实在在的日常形象；"站得出来"，是关键时刻实打实的表现；"豁得出来"，是危难时刻的坚定行动。

（4）词句反复

有时候为了强调事情的重要程度，我们经常通过词句反复来达到沟通目的。

案例：

某天晚上已经十点多了，机修车间保全工张军准备上床睡觉，忽然手机响了，是正在上夜班的叶恋打来的，咨询车台机械方面的事情。叶恋说："你看，这么晚了还打扰你，真过意不去，你要休息了吧？真对不起，对不起，谢谢，谢谢！"叶恋这段话，有些词看起啰唆重复，属于废话，但增强了表达效果，显示了叶恋态度的真诚，张军自然也就予以体谅，双方关系得到有效维护。

领导交办你一项工作，最后说"拜托"或者"拜托、拜托"，两字不断反复增加，其含义应该是不言而喻的。

（5）隐喻

中国人历来讲含蓄，不方便直接沟通的事项通常通过隐喻来表达，也就是中国那句老话"只可意会不可言传"，这样既传递了信息，又维护了沟通双方的脸面。

隐喻是一种修辞手法，是比喻的一种。通常是用一个词、短语或故事指出常见的一种物体或概念以代替另一种物体或概念，从而暗示它们之间的相似之处，实际上也就是打比方。在沟通过程中不直接表露沟通的目的，而是借助相关的词语、故事、事物加以暗示和引导，引起对方思考，从而变换成相关沟通信息。我们的生活中，到处充满了隐喻，比如说：最近的我像一只陀螺，转个不停。

案例：

庄子是战国时期著名的思想家，他一生过着清苦的隐居生活。有一天，庄子家里米面全无，无奈他只好拎着口袋到朋友监河侯那儿去借点粮食。监河侯正收拾行装要外出。庄子见了他，讲了借粮的事，监河侯满口答应："好的，好的，我正要进城收租金呢，等我回来，一定借给你三百金，好吗？"庄子心想：你进城一趟，来回需要一个月时间，等你回来，我一家人还不早饿死了吗？于是他说："监兄，刚才我看到一件事情，很有意思，你不想听吗？"监河侯说："什么有趣的事情，你说来听听。"庄子说："刚才我到你这儿来的时候，走在路上听见有求救的声音。我到处找却没发现有人。原来是路旁的干河沟里有条小鱼，小鱼在叫唤呢。它说：'我是从东海来的，现在快干死了，先生能不能给我一桶水，救我一命啊？'我说：'那太少了！这么办，你再等会儿，等我去找越国和吴国的大王请他们将西江的水堵住，然后开沟挖渠将西江水引到这儿来，你就可以顺水游回东海去了。你看这样可以吗？'谁知那条鱼听了十分生气地说：'我现在快干死了，只要一小桶水就能够活下来。你的计划虽然十分好，但等到西江水来的时候，恐怕我早成为鱼干了，先生只好到鱼干摊上去找我了。'"听到这里，监河侯惭愧得满脸通红，他明白了庄子讲话的深意，便立即吩咐家人，到粮仓去满满地装了一袋粮食，借给庄子。庄子面对朋友一开始的粗心并未恳求，而是以讲故事的方式巧妙比喻，旁敲侧击，让监河侯自己去领会言外之意，顺利达到了办事目的。

与人沟通，充分施展能言善辩的才能，旁敲侧击，欲说还休，点到为止，说话才能进退自如，占据主动。

（6）巧用客套话

中国自古以来就是礼仪之邦，人们无论生活还是工作，在语言沟通交流时，形成了一些客套话和敬语、谦语。这种客套不是虚伪，是礼貌和尊重，也常常表达出各种各样的信息和丰富多彩的思想感情，处理人际关系总能游刃有余，让人喜欢听、愿意听。提出的意见或建议也更容易为人所接受，不会说客套话的人，办起事来就略显尴尬了，可能会造成不必要的误解，出现人际关系障碍，会给人留下不好接触、不会处事的印象。

职场上一些常用的词语，"请""你好""谢谢"是要随口必说的。其他常见的还有：

初次见面说"久仰"，好久不见说"久违"。

请人评论说"指教"，求人原谅说"包涵"。

求人帮忙说"劳驾"，求给方便说"借光"。

麻烦别人说"打扰"，向人祝贺说"恭喜"。

请人改稿说"斧正"，请人指点用"赐教"。

求人解答用"请问"，赞人见解用"高见"。

求人办事用"拜托"，请人勿送用"留步"。

宾客来到用"光临"，送客出门称"慢走"。

与人作别用"再见"，归还物品叫"奉还"。

值得注意的是，客套话、敬语必须贴近沟通交流的实际，不可乱用，也不可滥用。首先，必须非常真诚地表达，给人发自内心的感觉，千万不能随口一说，给人留下虚情假意的印象。

2. 临时搭讪技巧

团队沟通无处不在，我们经常会在毫无征兆的情况下碰到平时想见又难以接触的人，尤其是上级领导。比如，你在等电梯时，在会场走廊或者洗手间时，突然与你始终想单独见面沟通却没有机会的领导偶遇，在这很短的时间里，要不要主动打招呼，该说什么，对一般人而言也是考验。搭讪的要点是：

（1）先自报家门，把自己介绍给对方，减轻对方心理压力。

（2）寻找共同话题。每个人的社交圈实际上都是以自己为圆点，以共同点（籍贯、年龄、爱好、精力、知识层次等）为半径构成无数的同心圆，半径越大，共同语言就越多，容易引起对方共鸣。

（3）以对方为谈话中心，不能自以为是，多交流对方关心的事。

（4）态度放松，首先要解决胆怯心理，然后还要学会一定的沟通技巧，激发对方参与沟通交流的兴趣。

（5）注意提炼观念，逻辑清晰，控制时间，给对方留下深刻印象。

3. 即席发言技巧

在日常工作中，无论是工作讨论交流，还是一些正式会议，都有可能让我们即席发言。如有人向你提问；有些讨论内容涉及专业你必须加以解释说明；活动组织者邀请你讲话等。做好即席发言，通常要注意以下几点：

（1）事先做准备。了解会议的议题与目的，预先准备好资料与数据，养成一个好习惯。

（2）认真听取会议。不要因为自己不喜欢，或者认为没有自己发言的环节就无所谓，否则被点到发言后，会手足无措。

（3）及时记录整理领导或同事的发言要点，并与自己的看法进行比较。这样如果发言，就能避免重复，甚至可以把别人的发言作为自己观念的佐证，适当时候引用领导的讲话或要求。

（4）致谢主持人提问，感谢邀请或给予机会。

（5）用小技巧让表达更自然有力。发言前，先静默几秒钟，对与会人员进行扫视，同时，让与会人员的注意力都集中到这边。发言中，可配合肢体语言。

（6）控制时间节奏，简洁得体，少讲空话、套话，少重复别人已讲的内容，结尾总结提升有力，不能泛泛而谈。

4. 预约式谈话技巧

《人性的弱点》一书中曾举过一个事例，就是但凡与西奥多·罗斯福交往过的人，无不对他的知识渊博感到由衷的钦佩。不论是厨师、驯马师、纽约的政客还是科学家，罗斯福都能轻松地与他们交谈甚欢、打成一片。罗斯福是怎样做到这些的？其实很简单，每当罗斯福预先要会见什么人时，他都会在头天晚上阅读跟这些来访者可能有关系的话题书籍，了解对方个性，做好相应准备，沟通自然就能取得良好效果。

团队沟通中，谈话者先进行预约也是常见模式。预约式谈话对谈话双方都有要求，预约方一般是领导或管理方，预约方要明确传递出谈话的时间、地点、参与人员、谈话主题，最好有书面方式预约或第三人通知。

被预约方的注意事项：一是按约定的时间、地点去交流，如果确有特殊原因不能到场，应提前报告并提出建议。二是认真准备相关材料，重要话题要做好调查研究，做到如实交流。对于预约方工作调研性质的谈话，一定要在摸清预约方真实意图的基础上，提出建议、建设性意见。三是如果预约方没有明确认可，一般不反问，特别是不反问涉及一些秘密的事项。四是必要时提供书面材料、视频等予以补充说明。

下级也可以向上级进行预约谈话，主要是约领导时间。"领导，我想等您有空的时间，来跟您汇报汇报"；"我想来跟您汇报一下部门管理上的几点建议"等。职场中，很多下级习惯在领导办公室门口等，有时领导比较忙，或外出开会，一等就是一两个小时，这纯粹是浪费时间，所以建议下级向上级的沟通，多采取预约式。

5.演讲技巧

演讲分为正式演讲和即兴演讲。

正式演讲之前的准备环节不可疏忽。演讲者要花点时间看看场地，把笔记和投影、视频辅助工具等摆好，方便使用；确定讲桌和黑板、投影机或电脑之间有足够的空间可以走动；安排好笔记或电脑的高度，以免后面老是低着头才能看清。

演讲时，先用几秒钟的时间浏览一下台下听众，自信地登场。开场白内容不要太长，跟整个演讲的长度比例要适当。不要太早引入高潮。如果之后的内容无法胜过开场，听众的兴趣就会逐渐减弱。

良好的开端是成功的一半。演讲涉及环节比较多，这里着重介绍几种开场的方式。

（1）首先说明演讲的主题或标题。因为听众可能已经知道你的主题了，所以把主题设计得简单好记便于引起听众关注。但是如果你的目的是说服听众，那最好不要一开始就泄露太多。

（2）直奔主题，换位思考。对于演讲的题目与内容大家比较有兴趣，甚至很多人迫不及待想听听，那就直接切入听者的内心，思考听众可能会有哪些先入为主的想法，把听众的内心想法说出来，也可以给予点评。如："如果我今天坐在台下，我可能会想，今天这场演讲又是在就工作安全作精神讲话。但是今天晚上，我有更宝贵的信息要提供给大家……"

（3）讲故事。把听众关注点吸引到自己这边，可以讲一些有趣的人和事，讲一个小故事。必须说得有技巧、跟主题相关，这些人和事最好与自己切身相关，这样才能成功引导。例如，拿自己的往事讲一讲，开开玩笑，往往能够赢得听众的心。

（4）说笑话。幽默风趣会给人留下好印象，如果你很会讲笑话，那不妨试试这个做法。但是每个人的幽默感可能会有很大的差距，人数众多的听众对你的笑话会产生不同的反应，值得注意的是，笑话也必须说得有技巧、跟主题相关，简短有趣。

（5）当地色彩。这是接地气的一招，往往非常有效，但是要表现出诚恳。对当地的信息，尽量以赞赏、表扬、肯定为主，不宜挖苦讽刺。用得恰到好处可以引起听众的兴趣与共鸣。

（6）数字刺激。互相对比的数字会特别吸引人：不必每个数字都太精确，没有人可以轻易吸收像6、545、100这样的数字，用数字，适当多重复几遍，以便大家听得更清楚。同时，不宜连续用多组数据，因为容易乱，效果不好。最好留出足够的时间和视觉辅助工具的帮忙，让听众更容易掌握。

（7）名言佳句。抛砖引玉，这应该是最简单的做法了，而且往往也是最有效果的做法。引用的佳句应该出自知名人士，而且要跟你的主题密切相关。

（8）出其不意。不一定非得是花哨的开场，简单的做法就是逆向思维，正话反说，然后言归正传，这样也可以达到出其不意的效果："培训是浪费时间和金钱……"停顿一下，让吃惊的效果蔓延开来，然后再说："除非培训的目的是让整个团队成长，而不是只针对个人。"

即兴演讲也叫即席演讲，是指在没有准备或者没有充分准备的情况下，针对某事物、场面、情景有所感触，当场所发表的演讲。正由于即兴演讲既没有讲稿也没有提纲，更没有背熟的台词，全靠利用大脑中的材料，现场捕捉信息，边想边说，还要求做到重点突出、主次分明、条理清楚、说服力强，这就需要演讲者具有敏捷的思维能力、应变能力和超强的表达能力。因此有人说，即兴演讲可谓是语言表达中的最高形式。

即兴演讲要注意以下三个方面。

一是主题集中，针对性强。一般是对眼前或者当下的事物、场景有感而发，因此演讲内容比较集中，无论是叙述还是议论，都必须求准、求精、求新。

二是开门见山，直抒己见。一般不会转弯抹角，刻意铺陈，而是少绕弯子，直奔主题，表明看法并提出个人见解。

三是短小精悍，生动活泼。即兴演讲追求的是篇幅短、接地气，它以趣味性、知识性两者合一而备受听众的欢迎。

6. 讨论发言技巧

开会发言一般有主持人、主讲人、讨论者和与会者等角色，视不同角色，发言注意点也不一样。

（1）主持人的发言。会议、研讨会上的主持人的责任就是主持会议、维持秩序，确保整个会议有成果、有效率。正规大型会议，主持人事先准备固定的主持词。在没有主持词的情况下，主持人要临场发挥，把控好局面。

主持人自己虽然要少发言，但是要负起"开场"的责任，确保大家依照正确顺序讨论各议题，并在需要时介入，提出新想法，厘清之前提出的意见、总结，提醒大家可能的后果等。主要有以下四个方面的作用：

第一，明确主题和问题。定义要清楚明确，有需要时或间隔一段时间就重复说明一次。

第二，交换和发展想法。取得证据并阐释之，然后构想解决的办法。

第三，评估各种可能的做法。确定有哪些可能的做法，预想各种做法的后果（时间、花费、资源等）。

第四，选择一个做法。最好是大家共同决定的结果，形成一个会议结论。

（2）参与者的讨论发言。参与者发言一般要注意以下事项：一是看会议议程是否有发言次序安排，若有，最好按指定的顺序发言；二是发言要有针对性，有观点、有分析、有实情；三是对他人的不同意见，不宜直接批评，而是阐述自己的观点，供大会比较；四是控制时间，不能占用过多的时间，使其他人没有发言机会；五是切忌感情用事，情绪激动失控。

8.2 书面表达能力

相对于口头表达，书面表达要求更加严谨、规范。书面沟通有四大基本原则：一是结构清晰、简练，通俗易懂；二是逻辑清晰、条理分明；三是用词准确、专业；四是符合行文规范。为此，我们要重点提升以下几个方面。

1. 遣词造句能力

经过作者的深思熟虑而得出的那些富有哲理的话语，令人回味，发人深省，充分体现了作者的思想，流传广泛。精辟、深邃、简练的话语，为沟通效果的提升给予了强力支撑。

（1）锤炼词语

中国文字博大精深，无论说话还是写作，遣词造句特别有讲究，选择使用积极的词语能振奋我们的情绪，消极的词语也会使人们自暴自弃。

案例：

某商场在当地同业中一直属于龙头老大地位，去年营业收入20.2亿元，比上一年增加1.2亿元。秘书为商场撰写年度工作总结时写道：在商场董事局的正确领导下，依靠商场干部职工的共同努力，年营业收入达到20.2亿元。工作总结材料报到总经理那边，总经理提笔将"达到"两字改成"突破"两字，虽然是两字之差，气势却完全不同。

一个人如果拥有丰富的词汇，那就可以尽情发挥，增强语言的感染力。要增加词汇量，在日常工作学习生活中就要做有心人，时常学习和记录下一些词语，以备需时之用。

（2）引用名句

写作过程中，旁征博引也是通常的做法。有意识地贴近文章主题，引用一些报告、名人语录、经典名言名句，不仅能证明作者的理论水平，也能提升阅读感知。

（3）活学金句

金句撰写能力也是可以练习培养的。知识网红秋叶大叔说过，好的金句兼具形式之美和思想之深，发人深思，便于传播。

文章标题或内容中如果出现金句，将极大提升文章的质感。

练习金句，可以先根据经典名句进行仿写开始。

首先是要学会拆解金句的结构，我们找一个金句，比如：学历并不是一个人实力的真实体现，能力才是。这时我们来抽离这个金句的结构，××并不是，××才是。然后，尝试用自己的语言造句，比如，寒冷的并不是今天的天气，人心冷漠才是。这一句也是金句。

2.逻辑结构能力

在公文写作中，具有规定的格式和布局。如果希望沟通对象通过阅读你的文章了解你对某一问题的观点，那你就得厘清思路，一般按金字塔结构来组织文章。

金字塔写作结构来源于芭芭拉·明托的一本著作《金字塔原理》。该书认为，"所有思路清晰的文章都具有金字塔结构"。而且，处于金字塔结构中的各种观点之间只具有非常少的几种逻辑关系。也就是说，好文章的一个基本特点就是思路清晰，在阅读时不会让读者感到吃力。从文章的主题所包含的中心思想开始，从上到下层层铺垫并展开观点，从而构成一篇思路清晰的文章，这就是"金字塔原理"的基本含义。

按金字塔结构写作，主要方法有：

（1）时间顺序。即按事情发生的时间顺序来整理信息，说清楚来龙去脉，反映出事情发展过程中的关节点，沟通对象也容易接受。前天、昨天、今天、明天、后天的叙事法就是典型的时间逻辑顺序。

（2）空间结构。即把事情按空间结构层次顺序逐一进行阐述介绍，常见的空间结构逻辑层次有：从上到下、从下到上、从里到外、从外到里、从前到后、从左到右。

（3）分项列举。需要表达的信息内容各部分之间不是因果关系，也不是从属关系，而是并列关系，可以围绕一个主题思想把内容一一列举出来。

（4）因果关系。事情的起因与结果存在必然规律与联系，可以采用因果关系逻辑，其中，先说明起因然后叙述结果的方法，是由因及果法。另外一种情况是先介绍结果，然后追溯分析相关原因的方法，是由果及因法。

（5）问题导向。沟通交流从问题出发，经过思考研究，陈述见解，旁征博引，最后得出结论，给出答案。

（6）归纳总结。先介绍一般现象、个别情况，然后总结提升出共性特征或一般性的理论。

（7）总分模式。先介绍整体，然后分别介绍它的各个部分。

3.注意文体规范

（1）文体不能混用。同样是发送给领导的，但请示是向上级请求指示或批准的，报告是向上级单位汇报工作、反映情况的，两者不能混用，诸如"关于给予外勤人员增加交通补助的请示"，不能写成"关于给予外勤人员增加交通补助的请示报告"。

（2）用词避免口语化，很多人不习惯将面对面交流的口语转化成书面语言，比如3月2号是口头语，3月2日是书面语。

（3）尽量不一文多事，原则上一事一文，比如，申请给外勤人员增加交通补贴，这份请示中就不要写外勤人员平时着装不规范，必须加强考核管理的内容。

（4）注意行文逻辑。避免句式杂糅、语序失当等。例如："我公司于 8 月 21 日召开了表彰先进个人和先进集体大会，董事长和其他公司的领导同志出席了这次会议"，这种表达存在词语和句子的组合次序安排失当，导致改变语义或影响表达效果。容易使人误认为是另行邀请了其他公司的人员出席会议。

第九章

控场能力

9.1 倾听能力

有人说，我们有两只耳朵和一张嘴，就是要我们多听少说。沟通是一个双向行为，也是一个不断互动交流的过程，在沟通过程中，通过双方表达、倾听、反馈、再表达、再倾听、再反馈的互动循环交流，才能充分展开沟通，形成共识。

倾听是非常重要的团队沟通技能，不仅要听清对方所讲的事实和所描述的细节，也要听懂对方所下的结论，更重要的是要听懂对方的逻辑，知道对方所说事实和结论之间依据什么逻辑，还要听出对方的态度和情绪。

戴尔·卡耐基曾经说过，赢得他人喜爱的方式有六种，专注倾听他人讲话就是其中重要的一种。领导要懂得倾听，方能掌握动态，做出正确的决策；下属要懂得倾听，才能领会上级意图，正确地执行。当然，沟通过程中的认真倾听，也还有鼓励对方、增进双方关系的作用。

综合以上分析，我们应用在倾听上应该注意以下事项：

1. 做出言行呼应，告诉对方在"听"

谈话时，如果一方在谈话而对方不做任何表示，那么，沟通者可能会认为对方心不在焉而中断谈话。因此，在听的过程中，对方应当及时做出呼应表示，如点头赞同、重述沟通观点、总结部分谈话内容、说"对"或"是"等。

衡量沟通对象倾听的一些行为特征见下表：

语言	1. 重复对方话语。
	2. 插句询问。
	3. 用有感情的声音："嗯""是呢""怎么会这样"等表达自己的感受。
	4. 偶尔请对方停顿，重新复述一下。
	5. 适时提出意见："我个人感觉……"
肢体语言	1. 目光间隔一段时间接触对方。
	2. 身体姿势适时变动，包括坐姿调整、握拳等。
	3. 面部表情跟随对方内容而变化。
	4. 点头给予肯定，轻摇头部表达异议或遗憾。
	5. 书面记录对方谈话重点内容。
	6. 递送茶杯、茶杯续水、递送面巾纸等。

2. 管住自己的嘴，不要随便打断对方的谈话

倾听，我们首先要放下固有的想法和标签，不要急于提建议，安慰或表达自己的态度和感受。很多人在沟通时，为了表示跟对方感同身受，对方说个什么事，马上跟上去来一通议论，看似关切对方，实则是好心办坏事。如果一个人想要别人了解他的处境，听到的却是安慰、建议、指责，那可能会觉得不舒服。不合适地打断谈话，对谈话进行评论、发表意见，这是一

种不礼貌的行为，不但使对方无法充分地表达自己的意见，同时也极可能因听话的人断章取义而使结论陷入片面。

3. 不清楚对方意思随时询问

在与他人谈话时，听的人由于多种原因，比如短暂开小差、专业词汇不熟、情况不了解等，明明没听懂，但限于身份、碍于面子而不去请教和提问，结果根本没搞懂对方所说信息的真实意思，甚至会闹出笑话、引起误会。不耻下问的姿态和修养，对沟通双方都很重要。

4. 包容对方发牢骚

企业管理中有一个"牢骚效应"：人们会有各种各样的愿望，但能实现的不多，对于没能实现的愿望，难免会有不满的情绪，对这种情绪不要压制，说出来会更好，这会让人心情舒畅，从而提高工作效率。

在这样的团队沟通过程中，我们只要倾听，不需要出主意，也不需要给予什么帮助，让他们把心中的不满发泄出来，我们要做的就是陪伴和引导。当不平之气发泄完之后，对方会感到轻松许多，双方工作上的事也就会好许多了。

9.2 提问能力

一次成功的沟通，要让双方积极参与到沟通过程中，实现心与心、信息与信息的双向沟通，提问是个很重要的手段。提问不仅能够与对方充分交流，找到共鸣点，缓解对方情绪，而且也能引导对方打开话匣，听到更多内容。如果对方偏离主题，还可以通过提问来引导回正题。此外，不同角度的提问也能通过多种信息比对印证，从而了解到真相。

常见的提问方式主要有以下几种。

1. 限制型提问

给所提的问题限制一个范围，这是一种针对性很强的提问法，直接服务于沟通者想要的答案。它能帮助沟通者在提问时，从沟通对象那里获得较为直接的回答，减少沟通对象绕圈子或拒绝回答的可能。

2. 选择型提问

为避免沟通对象不知回答方向，主动提出一些可能的选项，既圈定了一定范围，也给了对方一个指引与空间。当然，选项尽可能涉及两个以上，避免遗漏重要信息。

3. 发散型提问

提出一个笼统的问题，让沟通对象结合自己的实际情况来回答，以了解沟通对象内心的关注点和看法。这样的提问不设标准答案，不限制范围。漫谈中寻找答案，有的是为下一步追踪询问埋下伏笔，再结合其他信息予以比对佐证。

4. 试探型提问

有时，沟通者向沟通对象提出问题，并不一定需要用很郑重的方式，一是容易引起对方警觉，二是如果被否定，自己会感到下不来台，所以当时机成熟时，用试探的形式提出较为妥当。

5. 玩笑型提问

有些问题，提问者也拿不准会对沟通对象产生什么样的刺激，有些问题过于严肃或隐私，直截了当地问不合适。这时可以用开玩笑的口气说出来，如果沟通对象给予否定，沟通者可以把这个问题归结为开玩笑，这样可以化解尴尬，维护自尊和形象。

6. 铺垫型提问

当沟通者向沟通对象提出问题时，感觉这个问题对方可能会抵触，可以先提出一个与这个问题相关的小问题，或者用同类的问题来摸清对方的态度，做一个铺垫，再根据沟通对象的回答情况延伸到另一个问题。有时候，铺垫提问要好几次，时机成熟了，才能切入正题。

提问需要讲究艺术，而且须灵活运用。有时候，同样的要求用不同的方式提问，收到的效果截然不同。精妙的提问可以使你从沟通对象那里获得所需要的信息，从而达成你们之间的交流和互助，促成沟通交流的成功。

9.3 情绪控制能力

戴尔·卡耐基曾经指出，人际交流中一定要记住，人并非总是理性的，而是充满情绪、偏见、傲慢和虚荣的。沟通当中，情绪的影响力是巨大的，就比如我们很多人学习了很多沟通技巧，但在实际工作生活中，情绪爆发后，整个人失控，那个时候的沟通将是毫无理性的，甚至只图自己一时口快，完全不计后果。尽管事实上，当事人明明知道不应该动怒，不该发脾气，甚至说出伤人的话后，自己也后悔。

在面对面沟通时，一个人有没有情绪是可以看出来的，比如脸红、出汗、流泪、颤抖、握拳、声音变调等，这些非语言行为能传达出情绪。要做好情绪控制，可以从以下几个方面改进：

1. 不忘初衷，诚恳沟通

两个人的沟通，70% 是情绪，30% 是内容。情绪不对，内容就会被扭曲。纵有一肚子的内容，没有良好的情绪，说得再多也只是发泄。

时刻记住你的目标是什么，要达成什么结果，而不是和谁争口舌之快。不能把沟通当挑衅，心里想着沟通，语调却阴阳怪气，嘴上喊着沟通，脾气却比谁都大。策略性示弱，并不代表你真的弱，目的是与对方保持伙伴关系。正所谓成大事者，不拘小节，为达成自己的目标，只要不是原则性问题，被误解也好，被嘲笑也好，也无伤大雅。

2. 学会情绪转移

性子急躁的人，要让大脑接受思维时慢一点，"让子弹多飞一会儿"，遇事不要急于表态，这个平时要有意识地进行训练，也可以通过肢体语言来发泄情绪、缓解情绪。如我们在影视作品中经常看到的镜头，握紧拳头、拍桌子、扔茶杯、撕材料纸，这些实际上也让情绪有了一个发泄口，有利于大脑尽快恢复到理性状态。

此外，有时直接用语言表达情绪也是很有必要的，"我很害羞，我在这里谁也不认识""我真的很生气""我有点紧张"，这些话说出来不仅能缓解情绪，同时对方也能明白你现实的状况，有利于对方做出准确判断。

沟通中出现障碍时，学会让自己缓一缓，先冷静下，调整下情绪，不要急着表达和辩解。冷静后，或许会有不一样的想法。有时本来事情不大，但因为爆发不良情绪，反而会制造更大的矛盾和对抗。

触及个人情绪触发点时，适当回应是必要的，适当回应会让对方更好地认识你，也会督促对方改变和你的沟通互动方式。不打不相识，就是这个道理。但要注意控制程度，话讲过头，伤人后修复很难。

3. 避免"踢猫效应"

情绪是一个人对外界事物的一种反应。情绪失控的时候，人往往心跳加快，呼吸急促，急躁焦虑，不仅影响自己的准确判断也有害自己的身体健康。有心理学家进行过研究，一个人在愤怒的时候智商是最低的，如果这个时候急于做出决策，往往会忽视基本判断，90%以上都是错误或者不是最优的。

案例：

某司机因故没来准时接董事长上班，导致他上班迟到还被员工看到，影响了在单位的形象。来到办公室，董事长心情不好，正好经理过来请示工作，董事长挑毛病把经理训斥了一顿，让他赶紧和客户签合同。经理莫名其妙地被训斥，带着怨气回到了自己的办公室，这时候下属过来送文件，经理就把下属臭骂了一顿。被骂了的下属敢怒不敢言，出来之后接到妻子的电话，说她买了一件衣服。心情不好的丈夫训斥妻子就知道买东西，妻子的心情瞬间被浇了一桶水。好心情全无的妻子正好看到孩子在沙发上蹦蹦跳跳，就把孩子骂了一顿。被骂了的孩子十分委屈，正好家里的猫跳了过来，孩子二话不说一脚把猫踢开。受了惊的猫从窗子跳到了马路上，正好一辆车经过，司机为了躲小猫，却把路边的孩子撞了。孩子的父亲匆匆赶到医院，和肇事司机一碰面，愣了，原来肇事司机是经理，而孩子的父亲却是董事长……

这就是著名的"踢猫效应"，描绘的是一种典型的坏情绪传染所导致的恶性循环。因为控制不好情绪，最后报应落到了自己身上。

人的情绪确实很容易受到影响。我们每个人都是"踢猫效应"链条上的一环，如果每人都想着把怒火转移给下一个人，那么怒火只会不断增加，最后一发不可收拾。要想杜绝"踢猫效应"，就要控制坏情绪，只要坏情绪传播链上的任意一环中断了，"踢猫效应"也就终止了。当我们受到批评、攻击之后，不要忙着反击，而是应该静下心来仔细想一想前因后果，也许就能避免坏情绪进一步传播下去。

第十章

设计能力

在团队沟通中，除了语言表达能力，我们还需要懂点设计学。它包括形象设计能力、动作设计能力和环境设计能力。

10.1 形象设计能力

形象设计能力主要包括个人品格魅力、行为示范效应、个人兴趣修养和衣饰外貌。

1. 个人品格魅力

郭士纳在他的自传《谁说大象不能跳舞？》中，谈到个人领导魅力时写道："伟大的 CEO 会卷起他们的衣袖，亲自参与解决问题的活动；他们会身先士卒，而绝不是躲在员工的身后，指挥别人做事。"实干、谦虚、与员工同甘共苦，这些都是领导魅力的体现，天生散发出一种吸引力，使得沟通更为顺畅。和蔼、可亲对于一个身居要职的人来说也是难能可贵的品格，这种平易近人的形象在下属心里产生的影响力、感召力是很大的。还有的领导可能性格和能力不算好，但是心地宽厚、真诚待人，员工们也愿意和这类领导说掏心窝子的话。

2. 行为示范效应

职场中，每一个人的工作行为都是一种沟通方式，尤其是管理层行为比语言更重要，行为反映出领导者是否认真对待自己所说的话。此时无声胜有声，说的就是行为的示范效应，胜过言语的号召，古人云："其身正，不令而行；其身不正，虽令不从。"说的就是榜样与示范的作用。

人们常说，群众的眼睛是雪亮的，亮着干什么？就是看他们的领导是否真正执行他所宣传的要求，比如，部门近期工作较多，部门负责人号召大家加班加点，齐心协力完成任务。下午六点，下班时间到了，部门负责人没有离开，一直加班到晚上九点，部门其他人员也默默在工作岗位上持续工作很长时间，部门负责人就是通过自身的榜样行为，向大家传递了加班努力工作的信号，这种无言的沟通效果远比口号式有效得多。

日常沟通过程中，行为示范确实是一种有效手段，不仅仅是语言，而且还手把手教。更重要的是在很多场合，因多种原因，不方便语言沟通，悄无声息的行为示范就能取得很好的效果。

3. 个人兴趣修养

跑步、读书、打球、打牌、下棋等兴趣活动都是职场内部、同事之间沟通交流的载体，虽然表面上看不与职业事项关联，但这些沟通能增进领导与下属、同事之间的友谊与感情，便于工作沟通的开展。兴趣相同的一群人，沟通起来还特别方便，特别有效，很多时候，职场人有意培养或展示自己有某一方面特长或兴趣，以便以此融入自己想要进的群体中，沟通就是在不知不觉中通过这些兴趣活动完成的。

4. 衣饰外貌

在日常生活中，人们常常听到这样的劝告，不要以貌取人，但是经验告诉我们，人们很难不以貌取人。从审美的眼光出发，爱美之心，人皆有之，人们的认识很多时候是从第一印象产生的。一个衣冠不整、邋里邋遢的人和一个精心修饰的人，在条件差不多的情况下去办同一件有分量的事情，后者更容易受到善待。因此，在沟通前，如果能对自己多一点衣饰外貌的设计，就能获得更好的沟通效果。

10.2 动作设计能力

国际肢体语言专家阿尔伯特·麦拉宾有这样的研究结论：人在彼此交流中，一条信息产生的全部影响力，7% 来自语言（仅指文字），38% 来自声音（包括语音、音调等），而55% 来自无声的身体语言。在某种情况下，人们通过目光、面部表情、体态姿势以及身体接触等方式表达自己的情感或意愿，比使用语言更为有效。

案例：

春秋时期，齐桓公与管仲商量要攻打卫国，逐步成就霸业。在退朝回宫的路上，有一位卫国出身的妃子看见他，便赶忙跪在地上，询问卫国有什么过失。齐桓公很惊奇，便问那个妃子为什么要这样问。

妃子回答："看大王进来的时候，手抬臂展，大步流星，面露强横之色，这是要攻打某个国家的迹象。大王看见我之后，脸色突然变了，这显然是要攻打卫国。"听妃子这么一说，齐桓公心里对攻打卫国产生了一些迟疑。

第二天早朝散后，齐桓公对着管仲作揖，并请他坐下议事。管仲还没坐下便问道："大王不想攻打卫国了吗？"齐桓公问："你怎么知道的？"管仲答道："大王上朝的时候对我作揖，并且语言很平和，就连说话的声调都放慢了，面色还有一些愧疚，应该是反悔昨天的决定了。"

齐桓公自己并没有说明真实想法，但周围人通过观察和思考，就已洞悉了他的意图，可见察言观色的厉害。反过来，我们在沟通中对自己的一些动作主动进行设计，会发挥出意想不到的作用。

1. 肢体语言设计

肢体语言在沟通中的作用非常重要，肢体语言的内容也非常丰富，同样的动作，不同的文化背景、人员、沟通环境也代表着不同的含意。比如问候手势语，中国人握手、日本人鞠躬、欧美人互相贴对方脸颊。

动作设计主要包括：

· 重复（嘴上说后，又用手指点，有的还在地面上画沙成图）；

· 补充（嘴上说谢谢，同时点头和微笑）；

- 替代（不愿用言语表达时，耸耸肩）；
- 强调（谈话时点头，表示继续）。

有时肢体语言往往暴露一个人真实的想法。

案例：

张玉是一名公司企划人员，正在负责公司新产品的营销方案。一天下午，张玉来到总经理办公室向孙总介绍方案。一开始，孙总还认真听张玉介绍。但张玉说着说着，忽然发现孙总靠在椅子上紧闭双眼，她以为孙总太过疲劳睡着了，就轻轻叫了一声："孙总。"孙总睁开眼睛说道："你继续说。"然后又闭上眼睛。张玉看到这种状态，明白自己的营销方案根本没有引起孙总的兴趣，于是马上回去修改。

这就需要我们透过现象看本质，从这些肢体语言中读懂对方想要传达的情绪和感觉。

2. 微表情设计

从理论上讲，微表情是人类大脑的一种边缘行为，这些细微的小动作或表情几乎不受大脑主观意识的控制或很少受到控制，因此传达出的信息相对真实。微表情设计可以重点注意以下几个方面：

（1）真诚笑对。沟通中要给对方展现发自内心的笑。真笑时，人脸的颧骨处的肌肉和环绕眼睛的眼轮匝肌会同时收缩，这时人的嘴角会翘起来，眼睛也会眯起来。虚假的笑容则是通过意识调动颧骨处的肌肉，咧开嘴巴抬高嘴角制造出来的。但因眼部的肌肉不受人的意识控制，所以眼轮匝肌不会收缩。

（2）目光注视对方。目光能迅速、灵敏、充分地反映一个人的各种情感、喜怒哀乐，在面对面沟通过程中，必须高度重视目光所包含的信息和情感。面对面的沟通交流，目光最好注视对方，表示对沟通交流的专注和对对方的尊重，当然，目光应当自然、柔和，不能死盯着，不要逼视对方，而且目光涉及范围为胸部至头部区间，全身上下反复打量对方是非常不礼貌的。如果对方人员较多，目光应顾及在场的每一位参与者，环视全场，让他们感觉到你没有忽略他们每个人的存在。

（3）不做引起对方不快的小动作。研究表明，人们在说谎的时候会分泌一种激素，它引起鼻腔内部的细胞肿胀，使得鼻腔的神经末梢传出刺痒的感觉。所以，不要用手频繁地摸鼻子，也不要抓挠鼻子，特别是抓挠鼻子的侧面和耳垂下方的区域。

10.3 环境设计能力

沟通环境也会对团队沟通效果带来直接或间接影响。在一个双方都能感到满意的场所中，沟通过程一般会更为顺畅。

1. 环境与物品

单位在"三八"妇女节给每位女同事送了一束鲜花，领导给下属赠送一本自己喜爱的沟通技巧书，员工出差归来给领导或同事带点土特产，这些物品都是沟通载体。对年长者或领导，怀旧的物品都是他们对往日的牵绊与感怀，以前非常常见的一本书、一支笔、一只茶杯、一个小玩具，都会带来良好的沟通效果。

整洁的办公区域、员工天地墙报、企业文化标语，这些环境与氛围都是团队沟通中容易被忽视的内容。有些员工一进入这样的办公区域，就感到振奋，浑身充满激情，这就是环境沟通媒介的动力。

案例：

在阿里巴巴的发展过程中，有一个非常重要的人物，就是蔡崇信。他在阿里巴巴最困难的时候，用自己在金融界的人际关系为阿里巴巴找到了投资，才使得阿里巴巴有了后来的发展。但说起他是如何加入阿里巴巴的，除马云的个人魅力外，应该是公司的文化环境给了他很大的推力。蔡崇信第一次到阿里巴巴公司时，见到了令他吃惊的一幕：一个四居室中，竟然有20多个人在工作，地上还扔着床单等乱七八糟的东西，条件很艰苦，但从公司员工的表情中可以看出他们的愉悦心情，看出他们对于阿里巴巴的热爱。阿里巴巴靠火热的工作环境和氛围打动了蔡崇信。在一个符合沟通双方预期的环境中沟通，人们更容易达成一致。

在沟通之前，重点关注以下几点环境因素。

· 沟通场所大小适宜。
· 沟通场所无噪声及干扰物。
· 沟通人员的座位要安排适当。

- 沟通场所的光度和温度要适宜。
- 备有各种必要的演示设备。
- 重视精神环境而慎选时机。

2. 声响与音乐

古人云，诗言志，声传情。音乐也包含着特殊含意，是可以用来沟通的。比如，为同事点首《战友》《朋友》歌曲。大会现场，锣鼓喧天、鼓乐齐鸣，不仅是气氛，更是沟通内容的具体展现。手机铃声、办公室或汽车上播放的歌曲等都是沟通媒介，运用得当的话，沟通效果将会事半功倍。

团队沟通：从新手到高手

高手篇：如何成为团队沟通高手

人人都想成为团队沟通的高手，能充分地展示自我，举止潇洒、口吐莲花，待人如春风拂面，面临困难能力挽狂澜，极得上级青睐、下级拥戴，同时拥有事业的成功和良好的人际关系。那么团队沟通高手都有哪些特质？如何才能成为团队沟通高手呢？

我们认为，团队沟通高手一般具有以下特征：

第一，团队沟通高手都具有综合化、多样化的行为反应。也就是能够综合应用各种表达、倾听、情绪控制等行为反应的人。

第二，团队沟通高手有能够依据情景选择不同沟通行为的能力。沟通高手可以针对不同的人、不同的场景，采用不同的沟通方式。

第三，团队沟通高手都具有沟通表达的技巧。无论是口头表达还是书面表达，都具有清晰性、系统性，逻辑严密，具有说服力。

第四，他们往往都具有同理心。所谓同理心，就是能够换位思考，能够站在别人的角度来思考问题，了解对方的想法。

第五，具有关心和尊重他人的能力。关心别人和尊重别人，是有效沟通的必要条件，也是团队沟通高手打动人心的奥秘所在。

　　成为团队沟通高手，除学习职场的基础知识，掌握必要的沟通技能之外，最主要的是通过实战去揣摩、演练和提升。本篇重点选取典型的团队沟通场景，深入剖析实战技能，帮助读者在团队沟通中所向披靡。

第十一章

掌控团队层级沟通

根据团队层级关系，我们在日常工作中经常要面临的场景是：与上司打交道，与平级部门及员工打交道，与下属打交道；在特殊情况下，我们还有可能涉及越级打交道的局面。因为面对的对象所处的位置不同，我们在沟通中自然要采取不同的策略，以确保达到理想的沟通效果。

11.1 向上沟通

向上沟通，顾名思义，就是和上司（领导、老板）进行沟通。

得到领导认可是决定下属职场发展的关键因素。领导手中掌握了一定的权力和资源，特别是评价下属工作表现的权力，决定了你的调整、升降通道。无论你个人能力有多强，在单位重要性有多高，跟领导关系通畅是沟通的前提。

1. 多尊重、多了解，把"领导当客户"

现在职场上很多人对领导都没有一个正确的态度，要么"怕"，远远望见就想溜；要么"怨"，看不起，背地里抱怨。

再开明的领导也很注重自己的权威，也希望得到下属的尊重，如果你抱着"怕"和"怨"的态度，那肯定得不到想要的沟通效果。

发自内心地尊重领导，首先要消除内心的抗拒，改变对领导的看法。无论领导在你眼中多么可怕、多么糟糕，你都要相信，他能拥有现在的位置，就一定有过人之处，只不过角度不同，维度不一样，有些优势你看不到罢了；就算无法喜欢，也不妨改变心态，心里一定要清楚，若领导发展得好，团队跟着升值，你自然跟着受益，若领导晋升无望，你的上升空间也会受限。

其次，我们要拿出服务客户的心态去服务领导。面对形形色色的客户，没有人会因为不喜欢客户而拒绝与他打交道。把领导当客户一样对待，态度更客观。

每个领导的工作风格都有不同，对工作方面的关注点也不一样，比如：有人关注经营管理能力突出的个人，有人侧重有战斗力的团队；有人关注工作过程步骤，有人侧重只看工作结果；有人关注工作的推进形式，有人侧重工作的实质；有人关注工作的简洁明了口头交流，有人侧重大事小事书面报告。领导关注的侧重点不同，做下属的也要相应采取对策。

2. 多请示、多汇报，尊重领导的知情权

《哈佛学不到》的作者马克·麦考梅克曾这么评价工作汇报的重要性，他说："谁经常向我汇报工作，谁就在努力工作。相反，谁不经常向我汇报工作，谁就没有努力工作。"

因此，在工作中，我们不仅要学会请示、汇报工作，还要学会正确地请示、汇报工作，这就需要做到如下这几点。

（1）主动请示、汇报。不要等老板问了，等事情发生了，才被动介入。更不要擅自替你的领导做主，不然出了问题，最后只能由你一个人来承担。

（2）准备充分。准备与请示、汇报内容有关的资料，以及备选方案。千万不能一问三不知。

（3）高效简洁。用最短的时间、最简洁的语言向老板汇报出重点内容。

（4）先说结论。养成结论先行，再阐述过程的习惯。便于领导把握你请示、汇报的重心。

（5）注重过程。建立过程中的请示、汇报机制非常重要，让领导能快速判断你的工作能不能完成，完成到哪一步，是否有偏差，是否需要调整，让领导做到心中有数。

（6）坏事早说。切忌隐瞒不报坏事，如遇坏事应尽早跟领导说，让领导能把握轻重。

（7）成绩多说。对于自己在工作中的成绩，尤其要主动和领导汇报。随时让领导知道你的每一点进步和你工作中的每一点成绩，领导才知道对你的培养效果和你工作能力的长进。

（8）擅用场合。机会是留给有准备的人的。平时随时做好与领导沟通的准备，经常小结自己的工作，收集信息，训练技能，保持状态，才能不卑不亢、优雅流畅地应对并取得很好的效果。实际上，很多领导平时比较忙，也喜欢利用一些碎片时间，跟下属沟通。

3. 多交流、多反馈，掌握沟通的主动权

除请示、汇报外，我们还要增强主动性，多和领导交流谈心，了解他们的真实想法，便于顺利开展工作。

案例：

某银行客户经理王军有好长一段时间受到领导冷落，尽管王军在手的客户不少，又额外营销了一些客户，银行相关产品指标完成也名列前茅。但在支行工作月度会上，行长却很少表扬他，那些平时业绩差的同事，偶尔拓展了一个客户，行长却要单独给予肯定。

王军几次想找行长谈谈心，了解一下行长对他的看法，几次看到行长在办公室跟其他员工有说有笑，王军便犹豫起来又退缩回来。他想，银行是以考核业绩为主的，自己还是再多做几个贷款客户，为银行做了贡献，行长自然会高看他一眼。于是他几乎每天都外出营销拓展贷款客户，又过了不久，几个客户跟王军反映，王军营销的客户资料上报银行以后，行长总会打电话询问王军是怎么找到客户的，他个人是怎么跟客户交往的。银行公司业务团队经理岗位人员选聘，王军也不在候选人之列，行长在银行内部还决定抽调一个客户经理跟王军共同维护这些客户，王军听其他同事说，行长有意特地将他调离客户经理岗位。王军倍感失落，于是向银行提出辞职，在辞职的时候，王军才知道，原来有其他客户经理经常去行长那儿告王军的状，说他私心重，在与贷款客户打交道的过程中总是偷偷要好处，没有职业道德。行长为了防止王军做出违法违规的事情，所以一直限制和打压王军做业务。

从以上案例，我们可以看出主动与领导沟通具有多么重要的意义，其实王军是被冤枉的，他从未向贷款客户索要过财物。但是他的同事，因为嫉妒他业绩突出，悄悄在行长面前说他坏话，诬陷他。而王军本人又从未主动跟行长沟通过自己的思想状况、工作情况，只是不断营销贷款客户。于是行长更加怀疑，造成了自己辞职出局。

除工作上的交流外，还可以找准机会增加与领导的私人交流。以在公司食堂吃饭为例，大部分员工对领导避之不及。总有那么几个人，专门找机会凑到领导旁边，或汇报工作，或家长里短，谈笑风生。那些吃饭喜欢围在领导身边的人，似乎真的很得领导欢心。同样的事情你去汇报，可能被领导骂个狗血淋头，可他们去汇报，总能得到较好的结果。即使被领导骂，也带着提点他们的"恩典"。

这就是与领导的私交带来的好处。其实领导大多数是高处不胜寒，处于非常孤独的状态，如果他发现一个员工虚心向他请教，分享工作和生活中的点点滴滴，他也会非常乐于与这个员工交流。

当然，发展与领导的私交要有"度"，不能让领导厌烦，也不能失去个人尊严。

4. 多换位，多佐位，帮助领导做好决策

作为下属，服从上司是我们的天职，必须坚决贯彻，但这相对而言还是一种被动状态。要学会换位思考，理解领导的苦衷，不要遇到什么事首先去抱怨领导的不对，做到领导理亏时给他留台阶，避免当众纠正领导的错误。对领导的期望别太高，尽量积极配合其工作是上策。

同时，我们也应该建立"佐位思维"，包括帮助领导了解情况、提供信息，通过一定的沟通技巧向领导表达自己的建议或意见。如果发现领导的决策存在问题，下属应敢于对领导直言建议，据实反映。提意见时应密切关注领导的反应，通过他的表情及肢体语言所表达的信息，快速判断他是否认同你的观点。

但在"佐位"的过程中，要摆正自己的位置，不要造成"错位"。下属在向领导提建议或意见时，不宜得理不饶人，吵吵闹闹，甚至发生公开冲突，否则就是"错位"。

5.听得懂，看得清，把握领导的真实意图

与领导、同事沟通工作不是谈天说地，职场中出于种种原因，有时候往往不会以率直的语言表达自己的意见和要求，只会选用委婉暗示的话语与对方交谈。有时是碍于情面和场合，有时是为了考察对方的领悟能力，有时是为了尊重对方……

以领导批示为例，下面七招教你明白领导的深意。

（1）"按规定办理"

凡见到领导签字"按规定办理"，都认为是可以办理，一般都赶快办理。如有错是错在部下没有按"规定"办理。

（2）"请酌情办理"

"请酌情办理"比"按规定办理"的意思更递进一层，而且还有相信你才让你办理的意思在里面。但是注意不要对"酌情"二字无限上纲。

（3）画圈有学问

有的领导签批文件会用画圈来代表"同意"的意思。一般人看到领导在文件上画上圈，就按照同意的意思办理了。但领导不是在呈文要求办理的"办理"二字上画圈，而是将圈画在模棱两可的中性词或自己的名字上。如果不是圈在"同意"或"办理"之类的词上，一般可理解为领导还没有同意。

（4）字少还改字体

有的领导签字没有批语，也不画圈，在"呈某领导批示"几个字下面一画拉下来，写上年月日，而且年月日还是阿拉伯数字。还有的领导只签一个姓，而且这个字的字体还跟过去他的习惯写法不一样，连年月日都是将别人签的一画拉过来的。这种情况其实很难明确领导的真实意图，需要进一步与领导沟通，谨慎办理。

（5）"同意请某某处理"

"同意请某某处理"的"同意"二字后面没有逗号，也没有字句间隔，你说我同意办这件事也行，你说我只同意某某同志来处理这件事也行。一般下级接批示后根据平时经验或试探性请示，再去办理。

（6）"同意办理，如有问题另案办理"

这种情况是办理前另案处理，或是办理后另案处理，存在歧义，需要再请示、确认。

（7）"根据某会议决定，同意即刻办理"

开会前领导跟会议记录人员交代好，一定要注意将其他领导成员有"同意"意思的话都写上去，将"反对"意思的话也要记录下来。

6. 敢说服、巧把控，合理降低领导心理预期

领导交办了一项任务，下属首先要明确领导对自己的期望。例如：支行行长安排客户经理毛军去某开发区拓展业务，毛军这个时候要悄悄了解领导心理预期是能揽存 1500 万元。但是，完成 1500 万元是不现实的。如果我们把领导的心理预期通过沟通调低至 1000 万元，这样，同样是完成存款 1200 万元，原来是完成领导预期的 80%，现是完成领导预期的 120%，效果自然是不一样的。

怎样来降低领导预期呢？要结合领导的管理能力、性格特征、领导承担的压力等情况，做好与领导的沟通。

（1）强调客观条件不配套。如：这项工作不是我一个人努力就能办成的，需要一个坚实的团队，还有坚实信念的支撑，资金的投入，我们的资源不是很充分，我人微权小言轻，可能协调安排不了。

（2）强调当前事情多时间紧。如：我手头还有几项工作未完成，正在加班加点，如果再接下这活儿，时间精力根本顾不上。要不先请其他人干，如果其他人不干了，或者也没空，那就只好我来试试。

（3）强调自己经验不足。如：这项任务有难度，挑战性太强，涉及一些新项目、新业务，我自己没有经验、没有把握，最好另请高明，如定下来安排给我，还恳请领导亲自指挥，经常指点，我根据领导指示来操作。

（4）强调同业竞争太激烈。如：这项工作我们没有核心竞

争优势，只能尽力去拼抢，最终结果难说。

（5）强调客户要求高。如：我们这个层级的人去争取，没有话语权可能需要领导出面才能拿下。

当然，与领导的这种博弈要适可而止、合情合理，不能让领导觉得你在卖弄机灵。

11.2 平行沟通

平行沟通是指平行阶层之间的沟通。日常工作中，平行沟通交流看似简单，但也不是一件容易的事情，主要原因有以下几点：

一是沟通双方在职级地位上是平等的，相互之间不存在严格的领导与被领导关系。在沟通过程中，如果出现矛盾，可以先不理会或者拖延理会对方的反应，等双方冷静后再处理。

二是本位利益优先的狭隘思想，不同部门总有各自不同的利益，在沟通过程中，许多人狭隘地优先考虑本部门利益和本部门的重要性，沟通双方难以从全局来协调处理问题。

三是同职级不同条线工作领域不同，有的本身组织机构制度设计上就是相互制约的，或者是核查与被核查的，这也势必引起沟通障碍。

四是同职级存在或明或暗的职场竞争以及在上级心中的影响力、工作业绩影响、考核结果排名等不同，适度的竞争与考核是单位统筹驾驭各项工作的手段，但也会无形中成为同级沟通的绊脚石。当然，这与团队的企业文化也有密切关系。

同级之间首先要有共同的目标，其次才是各自的分工，既需要相互支持、帮助，也蕴藏着相互的竞争、提升。在水平沟通过程中要掌握以下原则。

1. 全局利益至上

每个单位都有自己的核心利益、至上目标，无论是高层分管负责人还是下属机构，都是围绕这个中心思想去努力工作，力争实现目标的。水平沟通的个人或团队，无论过去是否存在恩怨，眼前利益如何洗牌，都必须服从、服务于全局利益，否则，即使是要小聪明一时得逞，沟通不畅或无效导致事业受损，哪怕不追究当事人的责任，当事人的个人或团队利益也自然会降低。

2. 相互尊重为先

每个领导、每个部门都有明确的分工和职权范围，大家既是同事，又是平级，自然必须相互尊重，以诚相待，与人为善。尤其当对方遇到挫折、受到批评时，不能幸灾乐祸，而应该主动关心、支持对方。尊重是相互的，今天你敬他一尺，日后他会还你一丈，恩将仇报的小人，毕竟是极少数，在单位也不可能长期生存下去。

3. 相互支持为本

每个领导、每个团队在实际工作中，是既分工又协作，相互依存的关系。"各人自扫门前雪，莫管他人瓦上霜"的思想在平行沟通方面是十分有害的，双方所谓"大事讲原则，小事讲风格"就是这个道理。积极主动配合，齐心协力地工作，才能实现共同的成长。当然，中国有句古话："防人之心不可无，害人之心不可有。"我们不可麻痹大意，防止别人表态调门高、落实行动少，甚至南辕北辙等阴招损招。

4. 对事不对人

同级之间工作当中产生矛盾是很正常的现象，在平行沟通过程中，大家的着重点是讨论工作，围绕关键事情来分析研讨。绝不能借着对方有失误就盛气凌人，以势压人，甚至从当前发生的事情牵扯以往事情。这当中需要的是双方不能对各自的部下和相关工作盲目护短，对下属汇报反映的问题，涉及其他领导或部门的，应冷静客观地听取和分析，不能因为听信偏言而产生误判。如果双方没有私心，纯粹就工作谈工作，就事情论事情，就问题解决问题，双方工作都会轻松愉快。

11.3 向下沟通

管理者向下层组织或下属员工传送各种指令、政策，交流信息，即为向下沟通。

通过向下沟通，管理层可以使下级主管部门和团体成员及时了解组织的目标和领导意图，增加员工对所在团体的向心力与归属感。它也可以协调组织内部各个层次的活动，加强组织原则和纪律性，使组织机器正常地运转下去。由于位居高位者具有的威权地位，向下沟通最容易犯的错误是：对下属高高在上、独裁专横，使下属产生心理抵触情绪，影响团体的士气。

向下沟通需要注意以下几点。

1. 以情动人

作为下级，实际上的奢望并不多，上级对下级多给予一些情感关怀，可以让领导和下属建立起良好的关系，尤其是能让下属忠诚与甘心奉献。在交办工作任务的时候，顺便问候一下下属的家人，提示下属当心自己的身体，或者先从寒暄下属切身的一些人和事开始暖场，然后再谈工作。这都是作为上级沟通中的基本技巧。

2. 让下属发泄情绪

任何团队在经营管理过程中，每个人的利益都妥善处理好是很难的，也没有办法避免少数人员对单位或领导心生不满。这时要学会让员工及时宣泄不良情绪，避免问题扩大化，防止矛盾越积越深。上级要经常有意识地与下属谈谈心，在安排工作、检查工作时，也要关注下属的表情及其他情绪符号，引导鼓励下属敞开心扉发出牢骚与不满。下属情绪理顺了，工作也就好开展了。

3. 用建议方式下达任务

职场中，下级服从上级，下级不折不扣完成上级交办的任务，都是众所周知的道理，但领导在安排工作时，千万不要以为做指示、下命令就可以了，少数领导颐指气使、粗暴、威胁等工作方式，反而会引起下属内心的反感。

针对不同下属，以下一些话术可能更能让下属从内心深处接受。如"你可以考虑这个""你认为这样做可以吗？""也许我们这样做，可能会比较好一些""我们有什么办法来完成这张订单？""我们有没有办法来努力？让我们做到比×× 更好""我相信你有能力完成这个目标""这个任务完成最需要你的丰富经验，如果其他方面有问题，希望及时提出来，我们立刻解决"等。

领导在回答下属的一些请示、意见时，要客观、全面给予解答，不能模棱两可，不能因怕担责任而不做出明确意见，更不能玩权术，让下属去自己悟、自己猜。如果有些事情是自己这个层面解决不了的，也要如实告知，并立即积极向上级再请示、再争取，切忌把皮球又踢给下属。

4. 合理制造惊喜

在团队中，制造一些令人兴奋的事，超员工预期进行激励，也是领导打动下属的好办法。平时对表现好、业绩好的员工，大多是发奖金或提拔，但如果能临时组织一个小型庆祝会、颁发一个证书或特殊含义的物品、团建郊游、增长假期时间、家访慰问等，效果就会更加显著。

领导对员工的超预期沟通，还可以从细微之处着手关爱下属，把下属的生日、进单位日期、住址、家庭情况、任职情况、兴趣等信息收集保存好。"记得吗？你来公司已经一整年。""今天是你的生日。"这样开头的沟通，完全出乎下属意料，效果肯定非常好。

5. 与时俱进，做好新生代员工沟通

随着新生代员工入职，很多管理层对新生代员工鲜明的个性和新锐的价值观不能适应，传统的管理方式在他们面前不再奏效，以加薪、晋升、稳定等手段要求他们"规矩、努力、敬业"，变得相对困难。与新生代下属沟通注意以下几点：

（1）少一些"代沟偏见"，多一些理解和尊重。一个时代有一个时代的风向标，作为管理者，不要用老眼光看待和要求新生代下属，对他们追求个性、自由，不喜欢被束缚的个性特征多一些尊重，这样沟通时才能做到有的放矢。

（2）少些潜规则，多一些公平公正。不必将过时的"职场潜规则"、不合时宜的"领导做派"奉为圭臬，管理者要尽量做到公平公正地对待每一位下属以及他们的工作，千万不要有偏颇，新生代员工多半是不愿意委屈自己的，遇到不合理对待，他们不会轻易忍受。

（3）少一些自以为是，多一些投其所好。管理者千万别在新生代员工面前摆谱，在跟他们沟通的时候最好选择他们比较喜欢的沟通方式，如以游戏思维去设定工作目标，这样他们更愿意去参与，而不是单纯靠加薪、晋升的诱惑。

11.4 越级沟通

分层级管理是职场许多单位的做法。逐级负责则是单位有序运行的基础，但也常有一些工作需要进行越级沟通的情况。比如为便于工作，由组织发起的越级沟通；还有一种情况就是，沟通发起人与沟通对象间的关系比较亲近或对中间层人员不满，因而有可能进行越级沟通。

越级沟通在以下四种情况下是允许的：

1. 授权沟通。下级事先请示，直接领导批准或授权下属越级沟通。没有授权一般不要越级沟通。

2. 遵循工作惯例。日常工作中，有许多实际工作需要经办人员越过自己的领导向更高层领导沟通。比如，秘书写好材料，可以直接找主要领导。还有些涉及层层审批签字，都是经办人员逐层逐级找过去汇报签批，不存在一级一级转报。

3.约定单线隐秘沟通关系。少数上层领导为了解基层情况，会直接与基层人员建立单线沟通渠道。

4.上层领导公开越级沟通渠道。基层人员都可以通过指定的时间、渠道，比如领导接访接待日、邮件、信件、信息等，与上层进行越级沟通。

未经授权，不要越级汇报和邀功。越级汇报和邀功请赏的现象在很多公司都是非常忌讳的事情。事实上，下属的这种行为并不能给自己带来多大的好处，反而更容易得罪自己的直接领导。

在职场上，我们经常看到这种现象，下属由于没有摆正自己的位置，在表态、汇报、答问等方面越位，弄得领导被动而不悦，也使得下属和领导的关系越来越微妙，越来越疏远。这也是下属职场上不成熟的表现。

案例：

李娟在 2017 年大学毕业后应聘到了一家房地产公司做策划，专业对口，工作干劲十足。一次，总经理召集策划部开会。当总经理在会上问到关于房地产客户活动的策划要点时，还没等策划部经理发言，李娟就迫不及待地把自己的想法做了全部汇报。当时策划部经理的脸色就十分难看。

后来，李娟在接电话时了解到某个客户对策划方案的反馈信息时，她见自己的部门经理不在，就直接把意见汇报给了总经理，总经理又传达给了经理。经理接到老总的信息后，对李娟的这种行为非常生气，于是，在部门对李娟进行工作信息封锁。李娟的工作由此而显得非常被动。

当然，在职场中，也有人巧妙运用越级沟通搞定更高一级领导，借力于领导的领导来提升自己。有时候，你发现领导的决策确实存在一些问题，以一己之力，并不能改变领导。毕竟他在上，你在下，他是主动地位，你是被动地位。关键时候，如果能搞定"领导的领导"，利用好这个资源，让更高一级的领导参与进来，事情就好办多了！

这些案例告诉我们，越级沟通要慎重，但利用得当，也会发挥奇效作用。

第十二章

特定信息的沟通

根据沟通的信息性质或可能的效果预期，我们将沟通分为肯定式沟通、异议式沟通、批评式沟通、拒绝式沟通、补救式沟通、反馈式沟通、突发式沟通。

12.1 肯定式沟通

肯定是对事物认可或赞成的态度，肯定信息通俗地讲，就是好消息，如：任务完成了，领导同意了，群众认可了，受到表扬了，都是肯定信息。传递肯定消息的沟通就是肯定式沟通。

1. 肯定式沟通的形式

林肯曾经说过，人人都爱听恭维话。心理学家威廉·詹姆斯说，人类最本质的天性，就是渴求被人欣赏。每个人都期待得到赞美，渴望自己的努力得到别人的认可和表扬。肯定式沟通主要有以下几种方式：

（1）个人表扬和集体表扬

个人表扬是领导者表扬成绩突出的某个人。集体表扬是领导者对集体进行表扬。集体表扬的优点是可以培养人们的集体荣誉感和责任感，增进团结；缺点是使荣誉分散，因此它常常与个人表扬结合起来运用。

（2）领导者表扬和公举表扬

领导者对下属的成绩和长处给予肯定，叫作领导者表扬。这种表扬体现领导者对下属的了解、尊重和信任，带有权威性。公举表扬，就是由群众推举和评选，让群众代表去表扬某人某事。这种方法的好处是，能稳定受奖者在群众中的基础，可防"领导偏心"之嫌，更能成为群众自觉学习的榜样。

（3）点人表扬和点事表扬

点人表扬是指领导者表扬某个人，对他的为人处世、思想品德等在整个团队中进行全面肯定，这种表扬适用于树立先进、模范。点事表扬是指领导者对某件做得好的事情进行正面评价，它不涉及某个人怎么样，而主要评价某件事的成功与意义，这种表扬，要求把表扬事和评价人区别开来，对事不对人。

（4）直接表扬和间接表扬

被表扬者在场，领导者提出表扬，叫作直接表扬，又称为当面表扬。这种方法的优点是表扬及时，产生效果快。间接表扬，就是当事人不在场，领导者在背后表扬。当下属对某领导者有成见、有误解时，领导得多采用间接表扬，往往能消除成见和误解，融洽双方的关系。

2. 肯定式沟通的技巧

（1）要肯定，就不要有否定

你想要表扬一位员工，就不要含有批评的味道，也不要说"但是"一类的话。又表扬又批评，对方很可能只会记住"批评"不会记住"表扬"，不会达到"表扬"的目的。

（2）公开肯定，宜对事不对人

公开肯定很容易造成"肯定一个"，却打击"一片"，这种情况下，当事人也不会觉得受到肯定是一件多么光彩的事，反而起到了消极影响。公开肯定应多注重团体的价值和行为，以提升团体的能力和合作精神。所以，公开肯定要讲究技巧，以表扬事来表扬人，以表扬团队来表扬个人。

（3）公开肯定一个人，不妨先私下进行

并不是说公开肯定就一定要对事不对人，实际上，如果一个人的贡献和业绩非常突出，公开肯定也是必需的，旨在树立一个典型，倡导一种精神，宣扬一种价值。这种情况下，最好先私下与对方谈一次，提前做一些"铺垫"，在一定范围内形成共识，再公开肯定。这会增加肯定的"隆重"感。

（4）善于从小事上肯定，不要拔高

要想使自己能在对别人的赞扬中体现独到之处，就要在平时留心观察、细心思考，找出值得重视的地方。对于一些人很容易的事，对于另一些人也许很困难；当后者做到时，就要赞扬。作为领导要经常下去走一走，哪里有辛苦劳作的下属，就到哪里去，哪怕是一声问候也是莫大的激励。比如拍拍下属肩膀，对下属一些值得鼓励的行为和表现给予当面的赞许等。

（5）肯定下属，重在收服对方的心

肯定的最高境界就是让下属的心为你动起来。好的肯定一定能够说到对方心里去，知道对方心里想什么，需要什么。比如，当下属是一个积极上进的人时，可以把他带到老板面前"夸夸他"，这样会更加激励他的上进心。

12.2 异议式沟通

当团队工作中讨论棘手或复杂问题时，同事间常常会有不同的意见和观点，这种存在争议问题的沟通就是异议式沟通。

对于异议式沟通，有以下六种方法可以尝试。

1. 商量切磋法

解决争议矛盾首先要从态度上让对方感觉到对他的尊重，从心理上缓和他的固执和防卫，把命令或过于绝对的语气改换成温和的口吻。当你要发表不同意见时，可以先用较温和的口吻，比如："你觉得是不是可以换成这样？说不定那样会更好？你再想想。"或换成这样："我们能不能换一个角度来思考？你看那样行得通吗？"先用商量口吻对对方说，当对方仍坚持己见时，你再用坚定的语气也不迟。商量会让人觉得你尊重他，即使人家不愿意否决自己的观点，也会充分考虑你的姿态和意见，并给予相应的尊重。

2. 一分为二法

用辩证法首先对对方的意见表示肯定，再提出自己的不同意见。比如，在讨论怎样搞好车间卫生时，有人提出一个小组干一个星期，而你觉得不妥，认为还是一个小组搞一天好。这时，你可以这样说："刚才 ×× 提出的意见有一定合理性，值得考虑，但我以为还是一个小组搞一天比较好。"接着，你可以具体阐明理由。先对对方做出肯定，再提出自己的见解，这样显得公正和客观，也容易被人接受。假如硬邦邦地直说，很容易把气氛弄得紧张，给人家难堪而使人家不赞同你的观点，继续坚持己见。

3. 故作为难法

示弱是人际交往中的一个秘密武器，"我受不了""我很不好意思"，说出这样的话，会使对方心理上放松，甚至对你给予同情与鼓励。当发表不同意见时，可以先示弱。当你的意见与对方的意见分歧较大时，在你即将说出的时候，你可呈现犹豫不决或吞吞吐吐的样子，让对方有个心理准备，甚至让对方劝你说出来："讲吧，没关系的，有什么不同见解都可以说。"此时，你就可以直接告诉对方："一直以来我们的合作都很愉快，我这个人也很直率，你也非常痛快，我就不客气了。"在彼此感情交流后，再道出自己的不同意见。

4. 分析不足法

理性分析对一定的沟通对象是有效的，毕竟讲理的同事也很普遍。把对方的观点进行分析，推演出可能引起的不良后果，让对方认识到自己方案的不足，在此基础上，再提出自己的意见。你要提出不同意见，就肯定对人家的意见不满意，就得说出对方意见的弊端在哪里。

5. 借助替代法

借助他人的观点和做法来代替自己的不同意见，实际上就是用实例来证明自己的正确。有时，直接说出自己的不同意见会很为难，譬如面对的是老师、长辈或上级。此时，你可借助同类型的、对方已经熟悉的事例来替代自己的意见。比如，你可以这样说："老王他们也遇到过这样的事情，他们就是这样处理的，而且他们取得了很大成效，我们是不是可以借鉴一下？"

6. 巧当"和事佬"

如果同事之间无法达成共识而争执不休时，你作为领导或调解者，应理解争执各方当时的心理和心情，不要轻率地厚此薄彼，以免使不满情绪愈演愈烈。稳妥的做法是只强调各方的差异，并不是评议优劣。如果来评议，就会让人感觉你就是领导、权威或有超越他们双方的资历，会让人不舒服。

案例：

一次，《请您参加》栏目安排三个家庭自主上台，根据所选的道具自行编排和表演节目，然后让观众点评。表演一结束，主持人还没发话，观众席上已是七嘴八舌，评哪组的都有，评比陷入僵局。主持人灵机一动，对观众说："到底哪组能得第一，还是听听他们本人的意见吧。"随后他逐个询问了三个家庭对自己登台演出节目的感受，并按照他们的回答宣布：第一组"谦虚"第一；第二组"勇敢"第一；第三组"团结"第一。三个组都赢得了"第一"。

在主持《请您参加》栏目时，主持人很清楚这一节目不在于排名高低，重要的是激发观众参与该节目的热情。因此，在现场出现僵局时，他并没有和观众一起评论孰优孰劣，而是把目光集中在了各个小组的不同点上，对各组的价值都予以肯定。最后，主持人提出了解决争执的建议："三个组同获第一"，这样的结果大家便很乐意接受了。

在团队中，当同事因各执己见而争执不休时，我们要透过现象看本质，造成难以缓和的僵持局面往往不是双方的观点本身，很多时候是彼此的好胜心。随着环境的变化、角度的转移，任何的观点从另一方面来看都可能是正确的。因此，在协调时可以抓住这一点，帮助争执双方灵活地分析问题，让同事们意识到彼此观点的两面性，进而终止无谓的纷争。

12.3 批评式沟通

职场中，批评和表扬一样，都是不可或缺的手段，但从人性角度看，人天生都喜欢听好听的，喜欢表扬，不喜欢批评，尽管很多时候批评对个人成长、工作任务完成有很大帮助。在团队中，要达到沟通效果，批评也必须讲究艺术性，有针对性地采取批评沟通，能让对方接受并减少抵触情绪和防卫性回应。

1. 批评对方十大要点

（1）批评的态度要端正

就事论事谈，诚恳为了做好工作，不能借机整人，尤其是要把握分寸，切记良药苦口、忠言逆耳，要考虑对方感受，不恶语相加、不牵扯当事人其他工作表现、个人日常生活表现、家庭甚至其他人身攻击。

（2）批评的时机要选择好

时机主要考虑因素是对方是否有合适时间，场合是否恰当，心情是否平静。有些批评可以在公开场合进行，有些批评宜在办公室单独进行，有时为了缓解对方情绪，可以到茶座、咖啡店进行交流。对方有亲朋好友在场，宜留面子，不宜直接批评；对方正当喜事，也宜事后再找机会批评。当然，对于那些在其他人面前与你作对的人，批评宜公开，以牢固树立自己的威信。

（3）批评不可过多

批评就是指出对方的不足，是一种指责，但批评的目的不是指责、问责，而是希望对方能认识到问题所在，及时改正，今后不再重犯。如果把批评用提醒、激励的方式表达出来，对方可能更容易接受。心理学上有个"超限效应"，超限效应是指刺激过多、过强或作用时间过久，从而引起极不耐烦或者逆反的心理现象。用通俗的话来说就是，当你过度地对一个人做出刺激性的行为时，对方会产生非常不愉快的反应，表现出麻木或抵触，最终使沟通起不到应有的作用。

案例：

有家药店的店长，管理很严谨，他为药店制定了严格的管理制度，员工都是小心翼翼上班。有一次，一位女店员在结账时，未按照药店规定的"双人复核制度"复核，就将药卖给了顾客。顾客回家以后才发现，药买错了，药的生产厂家不对。于是顾客返回药店调换并投诉了这位女店员。店长按照店里的规章制度，给予该女店员 200 元的处罚，并在开会的时候当着全体员工的面，对该女员工进行了批评。事情到这里本应该结束了。可在接下来的日子里，店长却将这件事当成了典型案例时不时拿出来让员工引以为鉴，并毫不避讳地说出该女员工的名字，前前后后好多次，直到最后该女员工申请辞职，店长才明白自己的批评过了火。

通过以上案例，我们能清楚地认识到，批评要把握好"度"。因为如果"过度"，就会产生"超限效应"。但是如果"度"不够，又达不到教育对方的目的。

（4）用激励代替批评

心理学家斯金纳教授以动物和人的实践证实，当减少批评、多多激励对方的时候，他所做的好事就会增加，而那些比较不好的事情会因为忽视而逐渐萎缩。斯金纳教授的基本观点就是用激励代替批评。

在职场当中，有许多年轻人由于工作责任心不强，或者工作技能不高，缺乏工作经验，难免会出现一些失误。作为领导，肯定不能坐视不管或放任自流，更不能因此而对这些人灰心，大事小事都来事必躬亲，这种情况下，激励式的沟通显得尤为重要。

（5）批评要对事

职场上的规则就是对事不对人，别人工作上犯了错误，直接跟他指出这个错误，可以分析批评，尽量把批评变成工作问题探讨，对事不对人、不贴标签、不上纲上线。尤其不要动不动往"你这个人就是没有责任心""我从来就没看好你""你这个人就是成不了大事"这些方面说，那不仅伤人，而且全盘否定当事人，也不会取得什么效果。

批评也不能总抓住一件事情不放，并用同样的方法重复着相同的语言。也不要翻旧账，把历史错误反复批。要适当从不同的角度去引导员工认识到自己的错误，做到循循善诱。提建议、提希望，让对方心悦诚服，迅速改进到位。

（6）自我批评和批评相结合

批评作为一种沟通方式，要在平等尊重的基础上，对方才能更容易接受。先进行自我批评，会增强批评效果。比如："这事我也有一定的责任。"先承认自己的错误再提及别人的错误，这样更容易被人接受。

案例：

加拿大有一位工程师叫蒂里斯通，他的秘书在抄写他的口述信时，每页都会出现两到三处拼写错误，这让他很头疼。他该怎么办？

这位工程师想了个办法，在秘书打字时他就坐在她的打字机旁，对她说："我和其他工程师一样，也总会犯拼写错误。但为了避免这样的事情发生，我会随身带着一个小本子，及时记下我拼错的词。"同时，他打开随身带的那个小本子，翻到某一页指给她看，并说，"有时客户会在信件里批评我的拼写，错误的拼写让我显得不专业，所以现在我对拼写格外重视。"

秘书没有多说什么，但那次谈话后，她的拼写水平大大提高了。

（7）三明治批评法

经典小说《西游记》中，孙悟空被唐僧错怪误打妖精后回花果山了，佛祖对孙悟空说了这样一段话："你这泼猴一路不辞辛苦保护师父西天取经，这次何故弃师独回花果山不信不义。去吧，我相信你定能发扬光大，一定能保护师父取得真经。"孙悟空听到这番话后，又重返唐僧取经团队。

如果把佛祖这段话拆解开来，是三层意思：

第一句是对过去工作的肯定；第二句是对这次行为的批评；第三句是对未来的信任。

这三层意思蕴含着巧妙的奥秘，就像三明治，上下各有一块面包片，中间是重要的肉，叠在一起吃着舒服。批评别人的时候，在批评时前面加一句肯定的话，后面再加一句寄予希望和信任的话，他会感觉舒服和容易接受。

批评时，尽量在低的层次，如"你这次指标完成得不好"（批评行为）；表扬时，尽量在高的层次，如"指标完成得好，你真是个优秀的员工"（表扬身份）；如果既表扬又批评，那么表扬的层次一定要高于批评的层次，如"你这么勤奋的孩子，这次的指标怎么没完成"（先表扬身份，后批评行为）。

（8）尽量减少当众批评

不要在很多人面前责备下属，每个人都是有自尊心的。当有第三者在场，即使用温和的方式批评，也可能会引起这个人的怨恨或者抵触情绪。公开大会批评或检讨那是下策，更不能让大家群起而攻之。最好的方法就是在众人面前夸奖他，在暗地里指出他的失误所在，这样更能够让下属心服。

（9）不能以权势压人

有些领导或职场资深人员仗着自己的位置、权力和资历，批评别人总是厉声呵斥。要不就是张口"我撤了你的职！"，闭口"我开了你！"这种沟通，当事人会感到自己的尊严和人格受到了侮辱，哪怕你批评得再有理，当事人心里也不会舒服，感情上难以接受。

（10）批评要实事求是

有些人性子急，听到他人的一些反映，结合自己原有的印象，就对某某人进行批评，听风就是雨，道听途说或妄加揣测，没有经过仔细调查核实，就急呼呼批评人是不妥当的。当对方具体询问到底何处何事有错误时，也说不出个所以然，只好用"我也是为了你好""有则改之，无则加勉"来搪塞，实际上会引起当事人内心的反感和不满情绪。

2. 接受批评五大要点

对于受到批评的一方，在沟通过程中也有许多值得注意的地方。

（1）认真倾听，让领导把话说完

如果领导批评你，不管批评得对还是不对，无论你是否从心里认同这次批评，态度上都要显得诚恳，千万不要打岔，要静静地听领导把话说完。同时，一定要注意非语言因素，也就是要注意动作、表情，千万不要让领导感觉到你不愿意继续听下去。妥善的做法是：目光直视领导的目光，身体稍微前倾，面部表情要和善，充分表明你在很认真地听取他的谆谆教诲，有的人还用笔适时记下领导的讲话要点。在一般情况下，如果领导批评不当，你可以进行恰当的"辩解"，但不能文过饰非、胡搅蛮缠。

（2）感谢领导的诚意

领导批评就是关注你，就是点拨你，不管领导的批评是不是有理，作为下属，首先必须表现出你接受批评的诚意。

如果领导对你的批评是出于一种诚意，你的态度是会让他感到欣慰和满足，领导的态度也会渐渐缓和下来，今后也会更加器重你。

（3）引导领导说得更清楚

当领导批评你的时候，你应该控制情绪静下心来，尽量引导领导说出他批评你的理由。问题讲得多而具体，你也可注意整改，同时会洞察到更多的真相，有利于你了解领导的真正动机或领导的信息渠道，从而找到更有效的解决问题的方法。

也有些领导批评下属的时候，没有一个具体的事情或含糊其词，或借口传言，或明话暗说，让人捉摸不透。遇到这种情况，你就应该让领导把想说的话都说完，这样你才能清楚领导批评的要点所在。

（4）不要顶撞，要使领导感到受尊重

领导之所以批评下属，就是因为他认为你有值得批评的地方。聪明的下属是很明白这一点的，他们会善于利用领导的批评，从中化害为利。

因此，即使领导的批评是错误的，下属只要处理得好，很多时候坏事也会变成好事。千万不要动不动就牢骚满腹，图一时口头痛快，往往就会和领导的关系进一步恶化。

（5）感恩表态，让领导感到批评已获成效

向领导表态，不仅要感恩领导关心，自己也要好好反思。

根据领导的要求，制定有效可行的方案，争取做得更好，不辜负领导的期望。需要特别注意的是，无论领导批评得对与错，事后都不要和同僚、下属发牢骚，反驳痛骂领导，如果他人把你这些话传递到领导面前，不管你对与错，领导一般都会放弃你的。如果领导批评的事情与真实情况信息差异大的，可以后续单独面谈，采取他人转告、材料汇报等方式进行沟通。

12.4 拒绝式沟通

顾名思义，拒绝式沟通就是委婉拒绝不合理、你办不到的事情。通常来说也有两种情况，一种是如何拒绝领导，另一种是如何拒绝下属或同事。

1. 合理拒绝领导九大要点

职场工作中，领导经常会给下属提出要求，并希望下属能按要求去做。但是，限于领导的角度及立场，这些要求在下属看来不一定都是正确合理的。面对这样的情况，做下属的总是很为难：接受要求，却因现实情况限制不能按要求完成任务，或者本职工作已繁忙不堪；而超出本职的要求，只会让自己心力交瘁；直接拒绝又往往会导致领导不愉快。这种情况下唯有采用巧妙的方法委婉地拒绝才能扭转局面。

（1）永远不要当众拒绝

当众拒绝领导有很多弊端，会显得自己狂妄自大，不把领导放在眼里，最主要的是挑战领导的权威，这个性质比不能完成工作任务还要严重，会为自己日后的发展埋下隐患。

（2）延时拒绝

即便是领导与你两个人单独在一起，当场直白回绝，也是有伤害的。绝对不要在第一时间说"不"，如果这是一件你不愿意做的事，暗中拖延也许是最好的拒绝办法。如："我来想想办法，能不能办成，我回家再商议商议尽快给您答复，您看这样可以吗？"这种拒绝相对来说领导更容易接受。

（3）假设拒绝

当领导所提出的要求你无法办到时，你还可以用假设的方法，虚拟推演出一个按他的要求可能产生的后果，这样的后果是他所不能接受的。这样，他也不会勉强你了，但这种拒绝不是由拒绝者说出来的，而是在拒绝者假设的引导和启发下由被拒绝者自己得出结论，因此不仅不至于引起不快，反过来还可以给被拒绝的领导以启发。

（4）幽默拒绝

幽默是沟通中的神奇工具。在拒绝领导时，采用幽默的方式往往能使领导对你的委婉回绝心领神会，从而避免了尴尬。幽默逻辑与一般逻辑不同之处在于它并不像一般逻辑那样运用概念、判断、推理来证明，而是通过隐喻沟通彼此的情感以达到交流的目的。

（5）反守为攻拒绝

领导向我们提出请求，我们以完成此项任务必需的几个条件为由，向领导提出来，反守为攻，如果领导不答应，无形中也帮我们婉言拒绝了。领导答应了，自然也不必拒绝。

（6）模糊拒绝

生活中大家可能都有过这样的经验，当你提出某种要求时，对方既不马上反对，也不立即赞同，而是耐心细致地与你谈些与主题有关但又模模糊糊的问题，整个谈话像笼罩在"烟雾"之中，最后你都不明白自己是怎样被拒绝的，下属想要拒绝领导时，不妨也采取这样的方式，在模糊的语言环境中达到拒绝领导又不伤害领导自尊的目的。

（7）转移视线拒绝

在领导对自己有所请求时，如果确有困难，但为了不伤害领导，我们可以站在对方的位置思考问题，帮助其分析利弊得失，然后以维护对方利益为出发点，提醒对方能否把这项任务交给更合适的××，极力推荐××以转移领导视线，无形中拒绝了领导，也没伤害领导。

（8）自嘲式拒绝

下属在面对领导的请求时，学会自嘲，在自己身上找一个与之相关的缺陷做借口，用风趣的语言自我嘲讽一番，向对方暗示自己不情愿也不合适答应其请求，达到拒绝领导的目的，让他知道你不是不想答应他的请求，而是力不从心。这样，双方都有面子，领导自然能接受你的拒绝之请。

（9）纠偏式拒绝

对于一个有成熟领导力的领导，在多数情况下都是能理解下属拒绝的状况的，因为，他们也曾经是下属或者他们现在也正在做别人的下属，所以，在某种意义上，只要你有充分的理由，并运用了巧妙的方法，他们是可以接受你的委婉拒绝的。

案例：

某公司总部要从郊区搬到城市中心的一栋大厦里，该公司行政助理负责与大厦业主谈判、订合同、招标等事宜，另外还负责征集室内平面设计方案、完成装修等事宜。根据以往的经验，完成搬家至少需要六个月的时间。

就在搬迁工程开始运作时，公司走马换将。新领导是个雷厉风行的人，性子比较急。当他了解到搬迁需要半年时间时，便对行政助理半开玩笑地说："如果两个月完成搬迁，我会认为你很棒，四个月内搬迁，我会认为你'还可以'，六个月的话，我会跟你说'再见'。"

玩笑归玩笑，这位助理明白了搬迁工作的确需要加快速度，但无论如何也不可能在两个月内完成。可是，他也不能直接对新领导说：你要求两个月完成搬迁，这是不可能的。几年的职场经验已让他明白这样说不会有什么好后果，他只能通过其他方法来说明。于是，他花了几天时间精心制作了一个完成搬迁工作的时间进度表，将之交给新领导，并敬请领导看看各项工作安排是否妥当。他后来又与公司上层多次讨论，最终确定了一个能够尽快解决问题的时间进度表，而新领导再也没有向他说起"再见"的事。

如果领导在未全面了解实际条件的情况下，提出不合理要求，千万不要说："以现有的条件，这不可能实现。"而应该说："我很高兴做这件事。但在做之前，希望您了解我正在做的工作，以及我为这项工作做的计划和一些调整。您对此有什么建议呢？"数据最有说服力，采用可靠的数据，让数据和事实帮你说话，才有可能让领导收回他的不合理要求。

2. 拒绝下属或同事三大要点

除委婉拒绝领导要求外，有时我们还得委婉回绝同事、客户或下属的要求。主要注意以下几点。

（1）不要把责任推给他人

不能对同事说："这个不关我的事，都是经理一人说了算，我无能为力！"

虽然这样能将责任推给上一级，自己暂时没有问题了，但同事会对经理产生怨气，经理以后得知这一情况，必然对你也没好印象。而且，一旦同事明白你是在推卸责任，肯定会对你产生极大的反感，信任也会受到损害。正确的态度应该是动之以情、晓之以理，使同事真正心服口服。

（2）不要拒绝对方所有请求

对方提出一系列请求，我们认为不合理，必然会予以否定。但如果全盘否定了，对方可能会感到没面子，从心理上接受不了，沟通效果不会理想。比如某集团安排一名总经理到下属公司挂职，该下属公司据此提出增加一辆业务用车、增加交通费、通信费、午餐费补助等请求，管理部门不同意，经过多轮交锋，最终，安排每月增加一些交通费，才解决了这个问题。

（3）拒绝时给建议

当面否定与拒绝是伤面子的事，因此对于对方不合理的诉求，我们在沟通时要注意方式方法，要在说明拒绝理由的同时，给对方指出改进的路径，比如："你回去重新修改一下方案""你找某某再汇报一下"等。下属虽然被回绝，但他能够清晰地感知如何改进，这会大大削减被拒绝带来的挫败感。

12.5 补救式沟通

人有失足，马有失蹄，人非圣贤，孰能无过。亡羊补牢的成语可谓家喻户晓，大家都知道亡羊后在于怎样把牢补上。如果我们在人际沟通中，能够自我意识到或他人指点出错误，应立即采取补救措施。

1. 得罪领导后的五大补救要点

（1）反思问题的根源

如果发现得罪了领导，不妨静下心来仔细分析一下，看看问题到底出在哪儿：是自己平时恃才傲物、锋芒太露冒犯了领导，还是因为自己说话方式不当让领导遭遇了尴尬，或是因为自己工作的问题连累了领导……经过反思，如果问题确实出在自己身上，就要赶快采取措施加以补救。

（2）主动找时机求领导谅解

下属最好是自己主动伸出"橄榄枝"。假若是自己的原因，你就要有认错的勇气，向领导做解释，表明自己会引以为鉴，希望继续得到领导的关心和指导。假若是领导的原因，可以在较为宽松合适的时候，以婉转的方式，把自己的想法与对方沟通一下，你也可以说明是自己的一时冲动或是方式还欠周到等原因，请领导谅解。

这样既可达到相互沟通的目的，又可以为其提供一个体面的台阶下，有益于恢复与领导之间的良好关系。

（3）多场合表现尊重

即使是开朗的领导也很注意自己的权威，都希望得到下属的尊重，所以当你与领导发生冲突后，不妨在一些轻松的场合，如会餐、联谊活动上，向领导问好、敬酒，表达你对对方的尊重。领导会因此而记在心里，然后排除或是淡化对你的敌意。

当需要向领导道歉时，下属可以巧妙运用修辞，对领导表达歉意，让领导从你的妙语中感受到你的歉意，从而原谅你的过失。

案例

南朝梁有个大臣叫萧琛，能言善辩。在萧衍还没有称帝时，他就与之交好。后来萧衍当了皇帝，两个人之间的关系还是很亲密。

有一次，武帝萧衍举行大型宴会，萧琛也参加了。酒过三巡后，萧琛有些醉意，就倒在桌上。武帝见了，就用枣子投他，正好打中萧琛的头。萧琛抬起头，竟然不假思索地拿起食品盒里的栗子向武帝投去，正好打中武帝的脸。这时，旁边的官员都看到了，吓得大气不敢出。

武帝的脸也一下子沉了下来，刚要动气，萧琛急忙说道："陛下把'赤心'投给臣，臣怎能不用'战栗'回报呢？"武帝一听，转怒为笑。

这里，"赤心"是借用枣的形态做比喻的，"战栗"则是借用了"栗"的谐音。可以想象如果萧琛不能机智快速地反应，及时想出应答办法，等待他的岂不是大祸临头。

（4）寻求外援，从中协调

如果自己无法改变领导的态度，则可以找一个私人关系较好的单位其他领导，或是在领导面前能说得上话的人当"和事佬"，从中协调，说不定同领导的矛盾就会"大事化小，小事化无"。

当你的过错严重、对方对你成见很深时，直接当面道歉肯定会被对方劈头盖脸地训斥一通，这时候对方只会发泄情绪，而难以接受道歉，所以最好通过第三者先转达自己的歉意，让对方先消消气，然后等对方心情稍有平静之后，再亲自道歉。

这种技巧使用起来有两个关键之处：一是选择合适的第三者，最好是领导信任的人；二是你与第三者的交谈一定要恰到好处地表达歉意，并且让第三者明白你的良苦用心。只有这样，第三者才会替你转达歉意，领导也才能准确地领会你的歉意，进而谅解你的过错。

（5）向领导道歉

下属一旦发现自己做错了，一定要及时地、真诚地向领导表达歉意，道歉，不只是简简单单"对不起"三个字，这是一种心灵美的外在表现。勇于道歉的人也是善于体谅别人，善于设身处地地为他人着想的人。这样更容易得到领导的原谅。

在道歉时还要把握四点。

（1）道歉要真诚，要有深刻认识的表现，不能轻描淡写，不能口是心非。尤其是在非语言沟通的相关表现上，表现的隐含内容要与语言沟通的内容一致或相呼应。比如，嘴上说很内疚、认错，如果面部表情是满不在乎，沟通对象看到后，可能不会从内心接受你这样的沟通。

（2）将道歉寓于赞美中。下属在道歉的时候，称赞领导，让其获得一种自我满足感，知道自己是正确的、你是错误的，这样能轻而易举地获得对方的谅解。

（3）道歉要别出心裁。直接道歉，在某些情况下可能会使自己和领导都产生尴尬，造成不太好的局面，但如采用巧妙别致的方式道歉，可以使领导在惊讶感动之余不计前嫌，欣然接受。

（4）道歉方式灵活掌握。道歉要视错误性质及涉及面来决定沟通方式，有的可以电话、信息致歉，有的要登门检讨，有的则写出公开的检讨信，也有的适合通过第三者转告自己的认识和打算，当然，我们也能见到有的人专门安排饭局，请相关人员到场，自己当面承认错误并敬酒致歉。

2. 对下属（徒弟）发火后补救要点

有时候领导（师傅）遇到下属（徒弟）犯错，难免也会怒发冲冠。但发火不是目的，让他们知错就改，重拾信心，继续努力才是根本。因此，发完火之后，要做好补救沟通，消除被骂者的怨气和委屈，继续赢得他们对领导（师傅）的尊敬和忠诚，这就是所谓的"打一巴掌揉三揉""打一巴掌给颗糖"。

案例：

有一次，松下幸之助勃然大怒，大会上狠狠批评了一位员工。等气消了之后，他为自己的过激行为深感不安，因为那笔贷款发放单上自己也签了字，员工只是没有把好审核关而已，因此他自己也应负一定的责任，不应该那么严厉批评员工。

他想到这些后，马上打电话给那位员工，想诚恳地道歉，恰巧那位员工乔迁新居，松下幸之助便登门祝贺，还亲自为员工搬家具，忙得满头大汗，令员工深受感动。

然而，事情并未就此结束，一年后的这一天，这位员工又收到松下幸之助的一张明信片，上面留了一行亲笔字：让我们忘掉这可恶的一天吧，重新迎接新的一天的到来。看到松下幸之助的亲笔明信片，这位员工感动得热泪盈眶。从此，他再也没有犯过错，对公司也忠心耿耿。

松下幸之助对待下属员工的补救沟通方式多种多样，且非常"走心"，值得我们学习。在现实工作中，我们需要视问题性质及沟通对象的个性特征予以个性化处理。有的人心眼小，胆子小，领导（师傅）一发火，往往吓得半死，这时，领导（师傅）可以过几天等他平静下来再找他谈心或者通过第三方进行间接沟通，做好安抚与解释工作。有的人心有余而力不足，忠于领导（师傅），但好事办成坏事，以后有机会安排与这样的人一起单独参与一些活动，以示对他们的信任和亲近。有的人死要面子，对领导（师傅）的发火耿耿于怀，打开这种人心结的一种办法是重视他们的表现，找机会予以表扬。当然，也有一些人粗枝大叶或比较佛系，他们不管什么事都不大往心里去，跟他们进行善后的沟通就相对简单，见面说几句话、握握手、拍拍肩膀，也许就过去了。

12.6 反馈式沟通

反馈原来是物理学当中的概念，后来引入到管理学中，反馈是管理中的重要环节，此外，团队工作在项目进行过程中和结束后，随工作进程，及时向主管部门或领导、参与者，给予及时的反馈。

对领导交办的任务以及团队重点工作，承办部门和人员应定期向领导进行反馈或沟通，这样既能让上级及时掌握进展，也能及时给予指导，避免走弯路，协调资源给予支持，提高效率。

年度结束进行考评，重大项目或任务完成后进行总结，都应该有一个给当事人反馈的沟通，大家也都知道这一点。但在实际工作中，却很少有人能有效执行。原因是多方面的：一是对反馈沟通的重要性认识不足，认为反正一年已经结束，工作已经完成，评级结果也有了，犯不着再花精力专门来单独进行反馈沟通。有些单位则是安排相关人员直接在考评表上当事人、反馈人各自抽空签字，表明走完了反馈这个流程。

二是不知道如何进行有效反馈沟通。按常规，反馈的内容需要总结和肯定对方成绩与突出表现，也要指出不足，提出整改建议。如果沟通不妥当，反而会引起对方产生反抗情绪，甚至影响双方关系，达不到预期效果。但有一点是肯定的，良好的反馈沟通，对当事人的进步与成长的作用是巨大的，对单位形成风清气正的良好组织文化也是非常有益的。

进行反馈式沟通，要注意以下几点。

1. 充分了解反馈对象

反馈人不仅要认真阅读相关部门提供的个人自我总结、部门鉴定等书面资料，也要尽量接近反馈对象，观察了解反馈对象的成长经历、性格特征、言行举止，形成一个血肉丰满的人物印象。没有这些基本功，反馈沟通则会变成干巴巴念书面材料的形式，肯定不会有好的效果。

2. 灵活运用沟通形式

常见沟通的各种形式都可以用在反馈沟通上。一对一面谈、一对多集体面谈、电子邮件、信件反馈等都可以，一般工作中以一对一面谈式沟通为主，反馈式沟通所涉及内容是一个严肃的话题，一般安排在反馈人办公室或会议室，反馈人时间比较紧的情况下，按照下级服从上级的惯例，可以采用时间空隙就近场所进行。也有一些采用非正式沟通模式进行，沟通方式就非常灵活了。

3. 注意表达方式

反馈是对一个人工作学习表现的阶段性总结、评价的告知，一个人的表现相对而言一般都有好有差，差的要批评，好的要表扬，批评不能打击积极性，表扬不能让人自满翘尾巴，所以一要表达客观，二要避免直白式实话实说，三要探讨解决问题的方案。本书后面章节所介绍的一些沟通技巧，可以因人而异灵活运用。

　　口头报告不仅让领导了解下属完成工作的情况，也提供了直接让领导了解下属的机会，因此，汇报工作的下属应该高度重视这种汇报方式。

案例：

　　余先生曾是某管理咨询公司的首席顾问。一次，总部的领导要带客户去余先生所在地的一处小岛出差，要求住宿房间连在一起，还要面对太平洋。余先生于是打电话去问。但是一间都没有，他马上发信息给总部领导，领导回答了两个字："了解。"他继续寻找，找到了两间，一个饭店一间，他马上发信息给领导：现在找到两间，可惜不在同一个饭店，但我还是会继续努力地找。领导的回复仍然是"了解"两个字。经过一番努力，余先生终于找到了同一个饭店的三间房，但仍缺一间。余先生发信息给领导，回答依然是"了解"。最后余先生坐小飞机飞到小岛，自掏腰包，把三间套房隔壁的一间给换了过来。这时候余先生发信息给领导说：四间套房全部找到，在小岛的绿岛饭店三楼，连在一起，面对太平洋。领导回复多了两个字"谢谢"。没多久，总部领导带着客户到了，领导轻轻地拍着余先生的肩膀说："谢谢你的努力！"这赞赏是对余先生工作的肯定。这件事中余先生跟领导沟通了多次，主动报告他的工作进度。虽然他自掏腰包花费了他半个月的薪水，但是作为回报，他很快就得到了晋升的机会。

作为下属，经常地向领导报告，让领导知道工作进度，让他放心，才能让领导对下属产生好感。只有掌握了一定的汇报技巧，在与领导交往的时候下属才会感到轻松自在，不至于那么束缚，也不会担心自己因为哪天不小心说错了话，断送了自己的前程。

12.7 突发式沟通

近几年来，突发事件层出不穷。随着社会治理、单位管理的日趋科学与规范，对突发事项的管控也比较严格，很多行业、单位都有重大事项报告制度，对一些突发事项都有明确报送时间要求。以银行业为例，中国银行保险监督管理委员会专门出台有《银行业保险业突发事件信息报告办法》，对报告范围、标准，报告时限和方式，报告处理和反馈，考评与问责都做了具体规定。报送的主要内容有：突发事件基本情况、已经产生的影响和损失、应对情况与舆论反应、下一步处置措施及态势研判等，这些内容值得参考。突发式沟通的要点是：

1.实事求是，不隐瞒、不夸大。特别是对情况没有完全清晰的，报告要准确。

2.迅速及时，讲究时效性，尤其是现在自媒体发达，信息传播非常快，要让沟通对象尤其是单位领导第一时间了解到真实情况，防止沟通对象被一些不准确的信息误导。

3.持续沟通。突发事件发生后，会有一个持续变化的过程，刚开始报送的信息，经过一段时间已发生变化，需及时持续沟通，不要以为一报了之。

4.灵活使用多种沟通媒体。情况紧急时，可以先以电话口头信息进行沟通，然后再使用书面沟通。当然，最终效力以书面沟通方式为准。

当然，一般具体团队内部突发的重大事项毕竟很少，倒是需要我们对一些苗头性突发事件给予高度关注，并与相应层级人员沟通，千万不要以为事不关己，高高挂起。比如，外部高层领导突然来视察、执法机关来办案、下班乘坐电梯听到电梯不正常的响声、一群人突然到单位上访等。

第十三章

提升沟通对象认同感

中国有句古话叫"情人眼里出西施"，说的是对于我们喜欢的人，我们看到的都是优点，即使出现错误，也常常会从心里为他找理由，主动谅解。实际上，这是我们的认同情感在沟通中潜移默化发挥着作用。

罗伯特·B.西奥迪尼在《影响力》一书中指出，我们大多数人总是更容易答应自己认识和喜欢的人所提出的要求，我们喜欢与自己相似的人相处与沟通，不管相似之处是在观点、个性、背景还是生活方式上，我们总是有这样的倾向。因此沟通要达到预期效果，除沟通的信息内容之外，沟通者对对方的认同特别重要。

提升沟通的认同感，主要注意以下几点。

13.1 背景认同

1. 老乡情结

中国自古就是一个人情社会，因地缘关系形成的情感纽带自不必说。老乡见老乡，两眼泪汪汪。为什么会泪汪汪呢？这就是一种家乡情感。

2. 怀旧情结

怀旧是我们常见的心理现象，人们总是对过去经历的事情，工作生活过的地方或者相识的人和事，有着较长时间的留念，在内心深处留下了不同程度的印记，在以后的工作生活中，只要触碰到，就会产生特殊的感怀和反应。这也是我们在沟通过程中，通过捕捉、诱发来增进情感认同，从而提高沟通效果的抓手。

3. 其他共同归因

一起扛过枪的出生入死战友情，一起同过窗的单纯无瑕同学情，一起热火朝天工作过的同事情，都是背景认同的重要构成。

同一个领导的部下、同一个老师的学生、同一种文化的哺育、同一种病情、同一场电影等待……如果有一个共同的归因，都会引起沟通双方的心理接近与认同。

13.2 三观认同

中国有句古话，"物以类聚，人以群分"，说的也是价值观相同相近的人才能聚集在一起，这时的沟通效果才比较理想。哲学上经常提到世界观、价值观、人生观，也是我们大多数人所认知的主观态度，反映了一个人的理想与追求。

案例：

"楚王好细腰，宫中多饿死"是一段历史故事，记载在

《战国策》《墨子》古籍中，说的是楚灵王喜欢男子有纤细的腰身，所以朝中一班大臣唯恐自己腰肥体胖失去宠信，就严格控制饮食。很多人每天只吃一顿饭，以致饿得头昏眼花，站都站不起来。到第二年，满朝文武百官脸色都是黑黄黑黄的。这个故事历史久远，但也充分说明领导的价值观、审美观对下属的影响。

信仰的力量很强大，有了一个共同的目标，大家可以抛弃前嫌、精诚团结，自然沟通也很顺畅。在共同的目标和追求引领下，沟通认同感强烈，哪怕是批评式的沟通，对方不仅能接受，也会积极去改造。如果三观不认同，沟通接受者会认为对方是在冷嘲热讽、打击报复自己，这时，要么阳奉阴违，要么反感抵触，自然达不到沟通效果。

13.3 利益认同

"天下熙熙皆为利来，天下攘攘皆为利往"说的就是天下人为了利益蜂拥而至，为了利益各奔东西。美国作家罗伯特·哈夫也指出，人类社会主要建立在"馈赠关系"上，有来才有往。可见，利益是职场的核心，是每个人的关切点，利益认同，自然沟通顺畅。我们在说服对方时，不妨努力寻找与对方的利益共同点。

1. 利益不仅指物质利益，也包括精神利益

满足对方心理需求，是精神层面的一种利益认同，几

乎每个人都有成就心理、自炫心理、好胜心理等，对沟通对象的真诚赞扬、正向激励、虚心请教等行为，都有利于提升沟通效果。在沟通中多点肯定和欣赏，往往会起到意想不到的效果。

除满足精神需求之外，人们的另一个精神特质在于"好为人师"。与这样的人沟通，你首先不妨做一个忠诚的听众，把他当成自己的老师，少说多听，做一个学生，给对方充分表现自己的机会，让他在心理上有一种满足感和被尊重感，从而拉近距离。

2. 利益不仅指眼前现实利益，也包括未来利益

职场中，物质利益的趋同与共享也是增强沟通效果的一个重要因素。比如，我们经常看到团队高层尤其是股东开会讨论事项，场景激烈得像吵架，但大家都能反复讨论下去，最终达成意见。当期利益和未来可能的利益才是弥合双方矛盾的根基。

案例：

宋朝的建立，就是下属们集体拥立领导赵匡胤促成的。赵匡胤本来还不太想篡权当皇帝的。但他统领的禁军和手下的大将们都把刀拔出来了，要拥立赵匡胤："赵将军，我们群龙无首，就选你当头吧！"赵匡胤还在犹豫呢，这可是要掉脑袋的大事！他的属下不由分说，拿着准备好的黄衣（代表龙袍）披在了他身上。所有部下纷纷拜倒，高呼万岁、万岁、万万岁！赵匡胤就被这样裹挟着造了反，篡权当了皇帝。属下为什么要拥戴

赵匡胤呢，因为他们都想着未来收益：成为打下江山的功臣，封王拜相。

当然强调物质利益的当期和未来收益，不能采取不健康、非法的手段，这是必须要树立的边界底线。

3.利益不仅指双方共同收益，也包括双方共同避免损失

有些团队有窝里斗的不正之风，下级总是阳奉阴违，给上级使绊子。殊不知，上级没有业绩，自然升不上去，上级走不了，下级自然也就没有能提拔上来的可能，在这种时候必须相互配合，避免共同损失。

13.4 角色认同

前面已经讲过，角色是一个社会学范畴的概念，每个单位中的每个人都是社会的一分子，都相对于其他人和事而变换着不同角色。沟通对象对你的角色的理解、接受与认同，实际上就是认同与增强了你的话语权，自然就提升了沟通效果。

在沟通中，我们要有意识地寻找与对方相互存在的某种相同或相似，通过寻找共同点来把对方和自己归属同一个角色，感觉会更加亲切，交流起来也会变得顺畅。

人们常说，"人微言轻，人贵言重"，说的是那些地位高、有威信、受人敬重的人，他们的意见容易取得大家的信任，这是大家对这个权威角色的认同。

尽管我们知道，现实生活中权威在很多场景下也不一定是

对的，但对权威角色大家更愿意认同。

职场中，对角色的认同判断因素除组织任命的职务以外，也与角色当事人年龄、资历、品德、才能、绩效、沟通能力等密切相关。有些领导尽管得到组织任命，也有行政权力，但德才不配位，同样也得不到大家认同。相反，有些人虽然职位不高，但大家感觉其就像家长、兄长，就是正义的化身与代表。有了这个无形的角色，说话的分量自然也很重。

权威的身份使得人们更容易接受他们的批评，也会放大来自权威的表扬。比如，下属受领导、技术权威、师傅等人的批评一般都是接受的。上级对下级、年长对年幼、权威对一般的表扬效果较好。

13.5 场景认同

物理环境对人的心理状态的影响是客观存在的，而任何沟通都发生在一定的空间范畴，合适的时空场景直接影响到沟通双方的心情，增加对方的认同。

由于诸多因素的影响，每个人对于沟通的场景有不同喜好，有的认为在办公室沟通交流好，有的喜欢下班后到咖啡馆谈谈心，而很多企业老板干脆拉上几个人到桑拿浴室，一边泡澡、一边沟通交流，更多的是下班后三五成群约到饭店喝酒聚餐。

在职场，团队沟通的达人都明白，越是正规、重大的议题，时空场景的选择越是要精挑细选，内涵丰富。沟通场景的选择，除考虑单位氛围、社会风气、沟通双方关系习惯外，还要配合话题的重要性、沟通双方的关系和性格、费用成本等因素考虑。主要包括以下几点：

1. 布置庄重、大气上档次的场所，适合重要事项的沟通。

2. 如果讨论职场严肃的话题，宜在办公场所。

3. 单独男女的沟通，不宜在封闭小空间或氛围暧昧的KTV。

4. 领导对下属部署工作进行批评指正的时候，领导办公室最适宜。领导办公室本身就自带权威性，在这里谈是比较严肃的，对方也是容易认可的。

5. 如果想表扬下属或对下属近期表现比较认可，领导到下属办公室进行沟通交流是一个不错的选择。领导去看望下属，是一种肯定和鼓励；如果再表扬，下属会更加受用；如果下属的同事都在场，那这样的表扬效果更佳。

13.6 兴趣认同

春秋时代的钟子期、伯牙知音的故事一直流传至今，伯牙有出神入化的琴技，只有钟子期才懂得欣赏。钟子期不幸去世后，伯牙来到钟子期的墓前，悲伤地弹奏了《高山流水》，弹完后就将琴摔碎，从此再也不弹琴了，这就是知音的魔力。

兴趣是个体积极探究某种事为或从事某项活动的意向倾向，是推动人们寻求知识和从事某种活动的一种精神力量，可以激发人们的热情。人都是有七情六欲，也有不同兴趣点的，打球、跑步、骑车、打牌、读书、慈善公益等，都受不少人的喜爱。人们对于自己喜爱的东西又总是怀有特殊感情，放在十分重要的位置，当自己喜欢的东西被谈及时也必然会十分高兴。因此，沟通者间有了共同切入点，容易打开话题，通过共同点之间的关系拉近距离。

13.7 时机认同

不同的人、不同的事，沟通时机的选择也至关重要。在正确的时间说话，对沟通者来说可能就是一个机会，达到事半功倍的效果，也可能会因为一句话就办成一件大事。相反，如果话说得不合时宜，就会造成意外的麻烦。

案例：

20 世纪 90 年代初期，计算机还不是特别普及。某企业因生产需要，便购置了一批计算机及相关设备，而且要建一个机房。但是，机房负责人王静遥在申请机房安空调的事上，却屡次被领导驳回。理由是：其他部门人员都是在无空调环境中工作，不宜单独对机房破例。虽然王静遥一再强调安装空调是因为机房温度太高，会影响计算机的使用，但是领导一直不同意。之后，一个很意外的机会，单位组织出游。在参观一个文物展览会时，领导发现一些文物有些破损，经询问解说员得知，文物之所以有些破损是由于文物不能在恒温条件下保存所致。如果有制冷设备，文物可以保护得更好。

此时，站在一旁的机房负责人王静遥找机会对领导低语：

"其实，机房里装空调同样是这个道理！"领导看了她一眼，沉思片刻说："你再写一个报告报上来。"很快，领导就批准了她的要求，同意在机房装空调。

王静遥正是选对了时机，在领导对文物破损有所感悟时，趁机提出机房安装空调的事情，正好符合了领导当时的心理，因此很快就批准了这件事。

因此，说话要把握时机，如果该说的时候不说，机会转瞬即逝，便有可能错失良机。

天时、地利、人和，这是成功必不可少的三个要素。具体到说话，只有注意到"天时"和"地利"，选择合适的时间和地点，再把你想要说的话说出来，才能最终取得"人和"的结果。掌握好时机的能力不是天赋，而是在平时生活中自己慢慢领悟的。

在正确的时机说话，除了要看当时的情况，还要看对方的心情。比如，职位得到晋升、受到上级奖励、子女考上名校、团队工作圆满完成，这时候人逢喜事精神爽，易于听进别人的不同意见，哪怕较为尖锐的话，也容易接受。

第十四章

增强团队沟通主动性

大家可能听说过墨菲定律，这是 20 世纪西方文化中最杰出的三大发现之一，这个定律的要点是，如果有两种或两种以上的方式去做某件事情，而其中一种选择方式将导致灾难，则必定有人会做出这种选择。比如，你一不小心上班迟到了，不想被人发现，却偏偏主管一大早就找你。团队开大会，你怕被点名发言，总是悄悄闷着头，最后领导却直接点到你的名。在沟通中，你越想回避，结果却往往是你越要面对。与其这样，倒不如积极准备、伺机主动出击。

14.1 找准关键人，主动沟通

在职场中，主动找到影响你职业发展的关键人，争取他们的支持，往往会起到事半功倍的作用。除一把手之外，以下几类人不可忽视。

一是副职。很多副职虽然没有决策权，却对人事关系十分了解，对分管领域的一亩三分地有控制权。副职对一把手有很大的影响力，也有提名权，在会议讨论决策中更有表决权，对一些事情的决定往往有举足轻重的作用。所以，一定不要轻视副职领导。

二是秘书（助理）。他们级别不高，但却是"领导的眼、嘴、手、脚"，领导的很多信息，通过他们获取，领导对我们的评价，往往也取决于秘书传递给领导的信息。所以，职场中的"级别高低"，不仅体现在各自的岗位级别上，更体现在这个岗位与核心岗位的连接上。

三是群众领袖。群众领袖是在组织运行中自然形成的，是由在同一职能领域共事，在相似经历，共同价值观、兴趣和友谊的基础上形成的。群众领袖是单位里没有行政领导职务，或者没有较高行政职务，但话语权却特别大，甚至能够左右民意的人。在团队中，也必须跟这类人处理好关系。比如，拥有最大客户资源的员工，他的业绩量是单位的重中之重，这样的员工是不能轻易忽视的。

14.2 善找切入点，打开话题

中国人历来比较含蓄，直奔主题式的沟通有奇效，但很多情况下，是先谈一些双方熟悉的话题，找到切入点，通过寒暄来联结友谊、协调关系、寻找同伴，引起大家共鸣或兴趣，然后转入正题。

良好的开端是成功的一半，万事开头难，沟通也是如此。有些职场小白，心里盼望着能有机会跟领导见面交流，引起领导关注，在同事中先行一步。但真的跟领导见面了，却又张口结舌不知道从何谈起，急得面红耳赤。实际上无论是跟领导同事，还是陌生客户，只要用恰当话题开头找到合适的切入点，沟通自然水到渠成。

切入点不是抽象概念，而是非常具体的人、事、物。比如，领导办公室有一盆鲜花，可以就此谈起，领导办公桌上放着一本书，也可以谈书。选择切入点话题，有四个注意点。

1.话题具有广泛性。不能太专业或具有挑战性，一般以大家或者是沟通对象熟悉的内容为妥，比如社会热点、行业动态、保健养生、兴趣爱好、天气等。

2.话题贴近沟通环境。在办公室见面，可以从办公室里就地取材，不能有太大跨度。比如，在电梯口偶遇领导，我们可以电梯、外面天气、热点新闻等入手，不能文不对题。

3.注意禁忌。每个人的经历、学识、信仰等都不尽相同，交流的内容要注意，回避那些庸俗低级、格调低下的内容，更不要搬弄是非，传播小道消息。

4.注意细节。我们只要一发现沟通对象的服装或使用的物品有些微小的改变，就可以此为话题。例如同事打了条新领带时可以说："新领带真好看，您的品位一向不错。"像这样表示关心，很少有人会因此觉得不自在。另外，指出领导或同事与往日不同的变化时，越是细微、不容易被发现的变化，效果就越好。不仅使他们感受到你的细心，也感受到你的关怀。转瞬间，你们之间的关系就会远比以前更亲密。

身处职场，我们想要与大家拉近距离，增进彼此的关系，就是要善找切入点，掌握主动权，赢得别人对你的信任和好感。

14.3 主动展示自我，提升辨识度

对外沟通的主动性还在于充分展示自我，主动链接大咖、牛人，塑造具有辨识度的人设，提升自己的人格形象。

1. 勇于展示自己，引起大家关注。无论是日常工作、会议还是各项活动，尤其是一些急难险重的事项，要积极主动，展示出自己想学习、求上进的成长风貌。比如，武汉疫情严重期间，笔者单位有个青年员工，主动找到本人询问单位是否组织捐款，他要尽责任、献爱心。这个人平时很少与领导接触，但此举动让人印象深刻，大家也感受到了他的责任感和爱心。

2. 创造自身价值。工作勤恳、表现努力，尤其是分外之事，在力所能及之下主动做好，让别人看到你的潜质，以正面形象赢得人心。

3. 主动开口求助。友谊是麻烦出来的，经常梳理关系网络，主动出击，不要怕领导、师傅以及其他同事拒绝，得到他人肯定后，容易得到帮助。平时在团队中，领导、同事对他人明确求助给予回应和帮助的比例高达90%。

4. 帮助他人。一个人要有良好的人际关系，树立良好口碑，就不能只顾个人利益，而应该优势互补、发挥自己所长，帮助别人，比如帮别人出点子、做PPT等。

5. 持续联络。人与人的交往有一个熟悉的过程，日久也易生情。在对外社交中，不能急功近利，而是要保持耐心，持续与对方沟通联络。这不是说片面地巴结，而是让对方充分了解你的情况，接受你，最终愿意帮助你。

第十五章

十大沟通范式

范式就是一种公认的模型或模式，甚至说是模型中的模型，也可以说是主流行业中的行事套路。沟通范式就是人们在长期的实践中总结出来的通用的沟通模型。学会使用沟通范式并合理应用在相应场景中，是成为沟通高手的捷径之一。下面介绍十种沟通范式。

15.1 解释框架式沟通法

1. 基本概念

在对方的要求无法直接回答是或否的两难局面时，可以采用解释框架式沟通法来表明态度、解释现状并给出解决方案。

2. 范式说明

· 不直接给出肯定或否定的回答，但要对对方提出的难题积极主动表态，指出对方问题很重要、很现实。

· 说明自己眼前的困境与遗憾，具体、诚恳地说明不能接受的原因。

· 提出解决建议方案。比如，给点时间，让自己先学习，熟悉一下；或者等几天自己忙完、告一段落后来实施；此外也向领导推荐能够胜任的其他人选，并表态自己会去配合、参与等。

3. 案例及应用

解释框架式沟通法经常用于委婉拒绝领导、客户、合作商的不合理要求，回答主考官故意设置的问题陷阱等场景。

案例：

许诺是一个十分有才能的设计师，在面试的过程当中，面试官提了个很敏感的问题："如果录用你，你会跳槽吗？"此问题很有学问，因为很明显，许诺的这次应聘原本就是一次跳槽行为的前奏，如果许诺来这家公司工作，那也难以保证以后不会"故技重施"。用人单位自然不希望自己的员工常常跳槽，因为这不但会影响公司的整体运营，还会对其他员工造成影响，一个人事变动频繁的公司会军心不稳，不利于正常工作的进行。

问题就摆在眼前，这对大多数跳槽的人来说都不是一个容易回答的问题，对许诺而言也是。如果肯定地答复"不会"，那肯定是不会令人相信的，因为跳槽就是你正在进行的一件事情；如果答复"会"或者"不确定"，那情况当然更加糟糕。许诺没有对这个问题用"会"与"不会"来回答，她说："前几天我看了一篇文章，叫《流行跳槽的年代我不跳槽》。我和文章主人公的思想相同，换工作就是为了以后不再跳槽。我现在来贵单位应聘，就是认为贵单位的各方面条件符合我自己的要求，如果这些条件都不变的情况下，我也没有跳槽的理由，毕竟我现在才工作两年的时间，工作经验也不是很多，如果我工作不到一年就选择跳槽，那么我也学不到更多的知识，而且很多单位也不喜欢频繁跳槽的人。如果被贵单位录取，我将贡献我全部的能量，会重点做好以下几点……"许诺的答复滴水不漏，最终获得了面试官的肯定。

从这个案例中，我们可以看到许诺就巧妙采用了解释框架式沟通法来回答面试官的问题，不直接回答是否跳槽，而是诚恳解释现实存在的问题：换工作就是为了以后不再跳槽，自己还年轻，工作经验不足。最后还提出应聘成功后要重点做哪些事。

15.2 问答赞式沟通法

1. 基本概念

每个人在沟通的时候，都希望得到对方的肯定与回应，如果你做到这一点，就很容易和对方建立一个信任关系，沟通效果也就自然更进一步。问答赞式沟通法就是借助这一原理，提出一个对方能够引以为豪回答的问题，然后给予由衷的赞扬与钦佩，从而达到预期效果的一种沟通方式。

问答赞式沟通法出自哈里·弗里德曼撰写的《销售洗脑》一书，着重讲的是挖掘顾客潜意识里的想法，一步一步提出行之有效的解决方法，讲的是销售技巧，实际上也是沟通技巧。

2. 范式说明

问答赞式沟通法的三步骤是：

- 你有意识提出一个问题。
- 对方给予你回应。
- 你给予对方赞扬。

3. 案例及应用

问答赞式沟通法通常用于面向客户销售、领导表扬、项目讨论等场景中。

案例：

王经理："太好了，小张，你是怎么想到这个点子的？"

小张："王经理，我是上次看秋叶大叔《时间管理 7 课堂》这本书，从中得到启发的。"

王经理："小张真是个优秀青年啊，平时工作这么忙，还保持读书学习啊。"

从这个案例中我们可以清晰地看出问答赞式沟通法的三个过程，自然引入问题，得到预期回答，使得后面的称赞及表扬水到渠成。

15.3 PREP 式沟通法

1. 基本概念

PREP 式沟通法是《靠谱》这本书提出来的，要点是通过 PREP 框架，把日常汇报、咨询报告、工作邮件等与别人沟通，尤其是与领导沟通的信息，通过先讲结论的顺序来谈。这样能在最短时间让对方简洁明了地了解到重要核心信息。

2.范式说明

· P 即 Point，结论。让沟通对象清晰了解你要汇报的目的与内容。

· R 即 Reason，依据。主要是验证结论的可信性。

· E 即 Example，事例。用事例、故事、数据来证明、支持观点。

· P 即 Point，事件结论。再次重申结论，让沟通对象更明确你的沟通信息的主要内容，与开头呼应加深印象。

3.案例及应用

职场上我们的工作汇报、日常邮件、回答问题、会议推进等，都应遵循 PREP 框架，结论先行。当然，批评式沟通时要防止一上来的否定，对沟通对象情绪造成负面影响。

案例：

面试场景中，面试官问小洁："你的前同事们是如何评价你的？"

小洁："我的前同事们都称我为能量女王。（这是结论）

"因为在大家遇到项目难题的时候，我总是在给大家打气。（这是依据）

"记得有一次，在我们项目推进最困难的时候……（这是具体事例）

"我觉得这种特质很适合我应聘 ××××× 的岗位，因为……（这是重申结论）"

在上面的案例中，小洁回答面试官的问题采用的就是 PREP 式沟通法，避免了回答的无目的性，个人特点突出，有画面感、有趣味性，可以让面试官眼前一亮。

15.4 非暴力沟通法

1. 基本概念

近几年来，非暴力沟通流传很广。它是马歇尔·卢森堡博士在《非暴力沟通》一书中提出的平和但神奇的沟通模式，依照它来谈话和聆听，能使人们情意相通，和谐相处。非暴力沟通其实不是提倡新的主张，主要是指导我们转变谈话和聆听方式。非暴力沟通的四要素是：观察、感受、需要和请求。

2. 范式说明

《非暴力沟通》总结的沟通流程分为以下四步。

·观察。我所观察（看、听、回忆、想）到的有助于（或无助于）我的福祉的具体行为："当我（看、听、回忆、想到的）……"

·感受。对于这些行为，我有什么样的感受（情感而非思想）："我感到……"

·需要。什么样的需要或价值（而非偏好或某种具体的行为）导致我那样的感受："因为我需要 / 看重……"

·请求。清楚地请求（而非命令）那些能丰富我生命的具体行为："你是否愿意……"

3. 案例及应用

非暴力沟通适用于多类关系各个层面的交流和各种环境，目的是使沟通双方能够理解并看清彼此的需要，然后一起寻求解决方案，使友爱互助成为现实。

案例：

生产车间主管张伟军在车间巡查时，发现操作工小李机台下又脏又乱，张伟军说："小李，我看到机床下面有一些铁屑，一些油污，还有你的一双脏鞋子（观察），我不太高兴（感受），因为我看重整洁（需要），你是否愿意今天下班时，把这些垃圾清理干净，以后按车间标准要求做好机台卫生？（请求）"小李愉快地接受了主管的要求。这里张伟军并没有采用我们常见的方法："小李，你怎么不执行规模规定，不讲卫生，你要受到处罚。"如果是这样，小李可能首先马上申辩或反击，沟通效果自然打折，而通过非暴力沟通方式则可以取得很好的效果。

15.5 苏格拉底式沟通法

1. 基本概念

世界上伟大的哲学家苏格拉底，他从不对别人的错误指指点点，他总是让别人说"是"。他的这套说服异见者的方式，现在被称为"苏格拉底式"。

心理学家认为，人一旦说出"不"，那么困难就变得不可逾越。一旦说出"不"，自尊心就会固执地维护自己的观点。尽管事后可能觉得"不"是不恰当的，但当时维护面子大于一切。因此，一开始就得到对方的肯定态度就尤为重要。善于沟通的高手，通常开始就想办法获得对方说"是"的态度，从而引导对方向积极的一面思考。

2.范式说明

· 搁置争议，同意对方论点。

· 持续提出问题，让对方只能回答"是、是、是"。

· 获得反对者回应，在接连不断的发问及肯定式回答中，对方突然发现：前一刻反对的事情，现在已经表示赞同。

3.案例及应用

当我们需要说服别人时，如客户、合作商、下属，可以采取苏格拉底式沟通方法，通过不断提问，让对方回答"是、是、是"。

案例：

有个年轻人走进银行，要开个户头，张经理递给他几份表格让他填写，但他断然拒绝填写有些方面的资料。按照规定，假如他拒绝向银行提供一份完整的个人资料，张经理是很难给他开户的。但张经理并没有这样说，而是先同意他的观点，告诉他，那些他所拒绝回答的资料，其实并不是非写不可。

"但是，假定你碰到意外，是不是愿意银行把钱转给你所指定的亲人？"张经理问道。

"是的，当然愿意。"他回答。

"那么，你是不是应该把这位亲人的名字告诉我们，以便我们届时可以依照你的意思处理，而不致出错或拖延？"

"是的。"他再度回答。年轻人的态度已经缓和下来，知道这些资料并非仅为银行而留存，而是为了他自己的利益。所以，最后他填写了所有资料。

由于一开始就让他回答"是"，这样反而使他忘了原本存在的问题，而高高兴兴地去做经理建议的所有事情。

15.6 "30 秒电梯法则"

1. 基本概念

"30 秒电梯法则"或称"电梯演讲"，是麦肯锡公司在一次沉痛的教训后提出的沟通模式。即要求一个人能够快速且清晰地表达自己的意图，汇报要直奔主题、直奔结果。

2. 范式说明

· 要了解对方的愿望，语出惊人，吸引对方；

· 陈述时直述重点，特别要提示这个方案能满足对方的愿望；

· 方案和详细的过程可以后行，另找时间谈或者通过邮件表达。

3. 案例及应用

这个法则在工作或者项目管理中是非常有用的，在领导特别繁忙的情况下，我们可以事先充分提炼，根据"30 秒电梯法则"，直奔主题和结果，快速而清晰地表达重点信息，让对方一下就能领会核心要点，为自己与对方节约时间与沟通的成本。

案例：

市场部的小李和小王想找领导汇报原材料涨价的事，可领导太忙，一直在会见客人。漫长的 50 分钟过去了，好不容易客人走出来，可领导马上又要参加会议了。领导眼睛扫了眼小李："还有三分钟开会，你们有什么事可以快点说。"

小李抢先一步汇报："老板，我最近在留意原材料的价格，发现很多钢材都涨价了，还有刚才物流公司也打电话来说提价，我又比较了几家的价格，但是还是没有办法说服他不涨价；还有，竞争品牌×××最近也涨价了，我看到……对了，广告费最近花销也比较快，如果……"

领导听了一头雾水，他不耐烦地打断小李说："你要表达什么，能不能简洁一点？"小李一时张口结舌，满头大汗地愣在那儿了。

小王及时解围："老板，我认为我们的牌子应该涨价 20%，而且要超过竞争品牌，因为第一，原材料最近都涨价了 30%，物流成本也上涨了；第二，竞争品牌全部都调价 10%~20%，我们应该跟进；第三，广告费超标，可宣传不能不做……这是我们的建议方案，请领导过目。"

领导接过方案，赞许地看着小王说："好啊，你们都考虑在前头了，最近我也在想这个调价的事……"

15.7 三层结构沟通法

1. 基本概念

在中国人眼中，"三"好像是一个吉祥数字，凡事都用三个方式来说，比如提出三个方面建议、安排三项重点工作、考核有三个标准等。把所有事情都尝试用包括三个方面的内容来沟通，将会有良好的效果。

2. 范式说明

· 给出三条建议，产生对比、参照，更容易让人比较，有利于对方做明确的定位。

· 给对方主动权：三条建议中，由对方确认决策意见。

3. 案例及应用

在职场中，由于职位的差异，当事人经历、能力的不同，以及信息量的不对称：你认为最重要的，在对方眼里可能并不重要；对方重点关注的，可能你压根没考虑到。所以，有时提出的一条意见，常常会被对方认为"根本没说到重点上"，或者说"我关心的根本不是这个"，这是职场中的常态。解决这个痛点的方法就是提三条（或多条）建议。我不确定对方关注哪个重点，那就把每个重点都考虑到，让对方自己看。

案例：

三国时期，刘备的谋士庞统就是这样做的，庞统曰："庞某有三条计策，请主公自择而行。"玄德问："哪三条计？"庞统曰："只今便选精兵，昼夜兼道径袭成都，此为上计。杨怀、高沛乃蜀中名将，各仗强兵拒守关隘；今主公佯以回荆州为名，二将闻知，必来相送；就送行处，擒而杀之，夺了关隘，先取涪城，然后却向成都，此中计也。退还白帝，连夜回荆州，徐图进取，此为下计。若沉吟不去，将至大困，不可救矣。"

庞统提出了上、中、下策三条建议。

上策：暗中派精兵强将，日夜行军，进攻成都（益州），趁刘璋还没有防备，此时偷袭是最佳时机。

中策：刘璋手下的大将杨怀、高沛握有实权，刘备可借口荆州有急事要回程，借此召见他俩，趁机除去二人，令刘璋实力大减。

下策：充分准备，退回白帝城，等待蜀中动乱的时机。

最后刘备用了哪一条？他否决了上策、下策，用了中策。

庞统作为执行者，只能从军事角度排序，上策效率最高，出奇制胜。而刘备作为整个团队的领头人，军事只是一部分，他更要考虑蜀中的人心、政治声望、稳定的局势，所以对刘备来说，军事上胜利太快未必是好事。最好是中策的"干掉对手的主力，却又不立刻占领"，给自己减轻压力、延长时间，平衡了军事、政治、经济三个方面。

15.8 印象式沟通法

1.基本概念

研究发现，人类大脑总是对起伏的、冲突的经历记得更牢。尤其结果是正面的，印象就会更深刻。比如，终于获奖、终于打败对手、终于见到心上人等。因此，要在沟通中引起对方注意，并在他心目中留下深刻印象，可以按照"冲突、参与，解决"三步曲来设计。

2. 范式说明

· 冲突：制造或借助某个已有的"矛盾冲突"，让对方心里先"咯噔"一下，这时他的注意力被吸引过来了。

· 参与：让他直接或间接参与到这个事件里来，并且折腾一番，这个过程中需要他付出努力，或者让他看到你的付出。

· 解决：要获得一个正面的结果，成功解决问题，好让对方看到你的能力水平，进而认可你。

3. 案例及应用

案例：

有一家人三兄弟都行医，三兄弟的医术排名大哥最好，二哥次好，老三最差。但人们却只记得老三，原因就在于大哥医术太高明，很早就发现苗头，提前把病治好了，病人没感觉；二哥在病人刚发小病时就治好了，也没给病人留下太多印象；而老三在病人病情危重时参与救治，用了多种治疗手段，终于挽救了病人的性命，病人和家属必定是印象最深刻，所以他们对老三的医术难以忘怀。

所以，你在职场里无论是做事还是沟通讲求踏实固然没错，但这仍然不够，根据大脑印象机理，你还可以借助一些矛盾冲突的特殊场景来适当地做出亮点，这样对方对你才有深刻印象。

15.9 共情式沟通法

1. 基本概念

共情这一概念是由人本主义创始人罗杰斯提出的，可以理解成同感、同理心。共情力实际上就是我们常说的设身处地体验别人的处境，从而达到感受和理解他人情感的能力。"情商之父"丹尼尔·戈尔曼说："共情是情商的核心能力，也是人类天生的能力。"

2. 范式说明

• 识别：当有人与你交谈时，能否识别出对方正在和你进行情感交流，这是共情力最低的标准。

• 认可：识别出对方的情绪后，给予认可，可以让对方觉得你在认真地听他说话。

• 引导：即通过不同的角度来化解对方的疑虑。能使用引导的人，已经掌握了相当强的共情力，他们可以利用共情来帮助对方解决一些困难。

• 迎合：即在顺应对方情绪的基础上，给予积极主动的回应。这是共情力的最高表现形式，对方会更愿意吐露心声，即使对方的想法不一定正确，但此时的他，并不需要一个讲道理的人，而是需要一个懂得他的人。当你运用迎合时，是感同身受后饱含深情的抚慰，是慷慨又不失尊重的帮助。

3. 案例及应用

这个案例所发生的情形是我们日常职场中司空见惯的事情，经常有人研究和剖析这样的案例来研究共情沟通，我们熟练运用识别、认可、引导、迎合这四个步骤，与对方感受共情进行沟通，会使团队沟通更加和谐圆满。

案例：

同事萌萌最近不顺心，和雅丽吐槽："最近不知道怎么了，老板一直刁难我，老找我碴儿，我都不想干了。"

雅丽说："难怪我看你这几天不开心（识别）……其实还好啦，最近领导对我也是这样，这不是你的问题（认可）……但想想领导对咱们要求高，也不是什么坏事（引导）……我相信你的能力，实在不想干就辞职吧。我有做 HR 的朋友，没准可以给你介绍你新工作（迎合）……"

雅丽借助共情模式，说服了萌萌，让她焦虑、失落的心情得到缓解，双方的友谊也更进了一层。

15.10 FOSSA 情绪沟通法

1. 基本概念

大家知道，如果对方产生了情绪，沟通的时候就会变得很困难。而在我们的生活和职场中，这种情形又是无法避免的。F–O–S–S–A 模型是专门用于跟有情绪的人沟通的模型。

2. 范式说明

面对有情绪的沟通对象，可以采取以下五个步骤进行沟通：

- 第 1 个字母 F，代表 feeling，确认感受。
- 第 2 个字母 O，代表 obljective，确认目标。
- 第 3 个字母 S，代表 situation，现状如何。
- 第 4 个字母 S，代表 solution，解决方法。
- 第 5 个字母 A，代表 action，行动共识。

3. 案例及应用

案例：

王勇早上到公司后发现，项目组的同事李刚被领导批评了，心情很低落、烦躁，不管说什么他都要顶两句。而王勇今天必须跟他一起讨论项目，而且这个项目客户催得紧。怎么办？

王勇和李刚谈起了心：

（1）确认感受（F）：我明白你现在感觉有些委屈或者有些郁闷，毕竟这个工作你很用心地在做，老板只看结果就批评你，没有考虑到其他因素，任谁心里都会不舒服。

（2）确认目标（O）：我觉得我们现在最主要的就是想办法把手上这个事做好了，证明你的工作能力，让老板没话说。

（3）确认现状（S）：现在的情况是，客户正在催着项目进度，他们已经不耐烦了，我们需要今天就拿出初步行动方案并及时向经理汇报。

（4）描述解决方案（S）：所以我想，要不咱俩先集中精力把手头工作做好了，搞定了这些客户，回头再想办法让老板改变对你的看法，怎么样？

（5）达成行动共识（A）：那下面，我们先讨论一下昨天说的预算问题吧，毕竟老板最在乎钱是否花在刀刃上。

学会在类似的情境中运用这个模型，就算是跟有情绪的人沟通，也不会那么困难了。

第十六章

巧用八大沟通技巧

16.1 懂点幽默感

美国心理学家赫布·特鲁说："幽默可以润滑人际关系，消除紧张、减轻人生压力，使生活更有乐趣。"中文幽默一词是英语 humour 的音译。有研究者认为，中国人的幽默不同于美国人，中国人常常以婉转含蓄的方式表达出来。几句不经意的谈笑，一个眼神，甚至闭口不言，却蕴藏着深刻的幽默。

幽默是沟通交流中的高级调味剂，尤其是对打破沟通僵局、化解对立关系方面有奇效。

案例：

阿雅和小玲是多年的同事，两个人在一间办公室隔桌而坐，情同姐妹。尽管如此，有时也难免发生冲突。有一次，为了处理领导交代的项目，两个人有不同意见，发生了严重的口角，后来彼此冷战，形同陌路。到了第五天，阿雅实在忍受不了这样的工作氛围，为了打破僵局，她就把办公桌的抽屉全部打开，装作找东西。

后来，小玲终于开口说话了："喂，你把所有抽屉打开来，到底在找什么？"阿雅看着小玲，幽默地说："我在找你的声音，你一直不跟我说话，我都快憋不下去了！"两人扑哧一笑，重归于好了。

幽默不是从天而降，也不是人与生俱来的。提升幽默感，必须要注意以下几点。

1. 有高尚的情绪和乐观精神。消极堕落的人是不可能有幽默感的。

2. 注重观察与想象。幽默来自生活，必须学会关注生活体验，发挥想象力。

3. 提升文字素养和语言驾驭能力。古今中外，天南海北，风土人情等，都是幽默的素材，幽默是有知识、有修养、才思敏捷的表现。

4. 学习、练习幽默技巧。对比、反复、夸张、故意啰唆等都可以用来制造幽默。

5. 掌握分寸，灵活运用。内容方面要注意健康向上，不能以他人身体残疾、家庭不幸、工作不顺等为题材，否则你自己觉得是幽默，别人感觉到的却是嘲讽和伤害。

6. 要结合沟通对象的学识、阅历、年龄、习惯来进行幽默沟通。幽默选材要得当，表达到位，符合沟通对象能接受、感悟的那个点，幽默才能取得好效果。

7. 积累储备幽默故事。幽默与人的天赋、文化生活底蕴有密切关系，有的人是信手拈来，有的人则是绞尽脑汁也说不出一段。其实，如果平时难以创造性地说出幽默语句，也可以先储备几个幽默小故事，视场合讲一讲，也能活跃气氛。

案例：

南唐时，政府苛捐杂税，民不聊生。时逢京师大旱，烈祖询问群臣："外地都下了雨，为什么京城不下？"有位大臣决定利用这一机会进谏，于是回禀道："因为雨怕抽税，所以不敢入京城。"烈祖天性比较豁达，听罢大笑，于是下令减轻税收。借助一句玩笑来暗示，最终竟为百姓做了一件好事。这就是用幽默的语言或随意说笑，向被暗示者传达信息的方法。

16.2 慢半拍式沟通法

中国有句古话，人贵语迟。大概意思是身份尊贵的人说话慢，一方面是显示身份，另一方面是慎重表态，理解清楚了、考虑全面了才说话。而在沟通交流过程中，有很多人性子急，对方话还没有全部说完，就匆匆发表自己的观点，结果适得其反。

曾经有个"抽屉理论"，也是一个很好的说明。抽屉理论的意思是当你把书面的信件或材料写好以后，不要急于发出去，而是放在抽屉里等一两天，看自己有没有要修改的。尤其是冷静下来以后，观点与措辞可能会有一些改变，这实际上也是为了客观进行沟通，避免一些情绪化或不周全的意思表达与传递。

当然，我们在日常沟通交流过程中，不要轻易做出承诺，如果做出一种选择或采取一种态度，我们就会面临来自内心和外部的压力，迫使我们的言行与之保持一致，因此我们也要在沟通中及时识别对方所谓的社会认同和权威，避免做出错误的判断。

16.3 可视化沟通法

口头与书面的沟通交流各有利弊，但适度增加书面或物品呈现，可视化效果会更明显。因为从人的感官心理来说，"声音"的传递是即时的，特点是效率高、遗忘快。当时听的感觉不错，但听完后，对方的记忆就开始退却。如果只单纯靠说，效果并不是最好。好的演讲都需要"可视化"的素材配合，比如大屏幕上的PPT呈现，或者白板、黑板上的字句、卡片、证书甚至道具，这些都能让听众留下"视觉化记忆"。

如刘备三顾茅庐请诸葛亮出山的故事中，诸葛亮挥一挥手，命童子取出一画轴，挂于中堂，指谓玄德曰："此西川五十四州之图也。"意思是诸葛亮指着地图说："这是我们战略重点的西川地图，五十四州的位置、隘口、交通路线，我都做了详细考量。"刘备一下子更来精神，印象也更深刻了。诸葛亮的第一次汇报，就取得了成功。

书面材料是"视觉化信息"。如果在跟他人沟通时，不仅是口头讲，而且通过一些图形表格、照片、实物等其他可视化工具来表达，就可以提高沟通效果。

心理学家研究发现：人类信息传递的80%来自视觉，剩下20%的信息传递才来自听觉等其他感觉。不仅要让领导"听见"，更要让领导"看见"。这个结论，我们在职场中要记得使用。但凡稍微复杂一点的汇报，最好都要有书面材料，可以是文稿、表格、模型，哪怕是简单的一个草图。总之，目的就是"视觉化"，让领导一目了然，这样的沟通才更有成效。

16.4 会讲故事

"深夜，两个爱尔兰人在一座古怪的城堡中相遇……"不论你在读这句话之前在想什么，读完这句话后，你的注意力就会紧紧地被情节所吸引住，这是芭芭拉·明托在《金字塔原理：思考、表达和解决问题的逻辑》中所举的事例。芭芭拉·明托还说，任何人读你写的文章，都不会像读一篇所有人都说既精彩又扣人心弦的小说一样感兴趣。如果要使读者轻易地抛开其他话题，专注于你的话题，讲故事是非常好的形式，因为它能激发沟通对象的兴趣，吸引注意力。

讲故事也是有技巧的，首先要选择贴近场景的主题，有明确的重点。其次要注意次序，也就是故事逻辑，这种次序可以是时间次序，也可以是地点次序，还有就是依属性来决定次序。最后要注重事实，尽量有细节，故事一具体就会生动，这也要注意讲述客观事实情况时，少谈个人主观感受。当然，若你试图通过讲故事来传递相关信息影响对方，在讲述过程中，你要注意筛选事实，在讲完故事后概括自己的观点。

16.5 模糊语言沟通法

模糊本义是指含糊、轮廓不清，泛指反映事物属性的概念的外延不清晰，事物之间的关系不明朗。在沟通交流过程中，利用模糊语言回避一些难以当场说清说透的事，也不失为妙招。

1. 巧用模糊语言，可以避免工作重大事项泄密

职场中有很多事项在未公开前是属于保密的事项，比如人事任免。有些人甚至一定级别的干部也喜欢打听，按组织程序没有正式发任职文件前，该内容是不得对外公开的。这个时候，就需要一些模糊语言来化解。

2. 巧用模糊语言，可以避免陷入矛盾境地

在团队沟通交流过程中，常常会遇到这样的情况：有些问题必须回答却不知如何回答。一旦回答错了，就会把问题弄得糟糕而不可收场，但只要镇静地巧妙周旋，最终一定会摆脱困境。此时，运用模棱两可的语言就是一种好方法。这种方法是用模糊不定的语言，不让对方精确地把握答语的含义，从而使语言在谈话中更加灵活、生动、形象。

3. 用模糊的语言回避是非议论

单位内部都是复杂的，总有一些员工喜欢八卦，四处散布流言。

俗话说："来说是非者，便是是非人。"这种人常处于一种心理不平衡的状态，嫉妒心很盛，他们甚至想要把自己的快感建立在他人的不幸之上，总是巴不得看别人倒霉、越来越困窘。作为同事，千万不要想当然地认为，在自己面前搬弄他人

是非的人就是对自己好的人。其实，在你面前道他人是非的人，在其他人面前亦如此。

跟这样的人沟通，要学会适当隐藏自己的想法，对他所说的别人的是非，也不要轻易表态。当然，也不要得罪他，有人说，宁愿得罪君子，也不能得罪小人，这时就可以采用模糊的语言给予回复。在那种既不好说真话又不愿说假话的情况下，只好说些"啊，哈哈"之类不着边际的话，予以搪塞。

4. 用模糊的语言回避隐私话题

有些人沟通交流，除谈天说地之外，还喜欢打听别人的隐私。比如"你的收入多少""多大年龄了""你谈对象了吗""听说你肝上有毛病，真的吗""夫妻感情如何"等。一旦这些内容被这些好事者探得一点蛛丝马迹，就可能会面临空穴来风、流言四起的局面。因此，遇到这样的人，就不能"实话实说"了，可以采用模棱两可的回答方法，既不冷落对方，又不使自己为难。

当下属问我们"你的收入是多少"时，我们可以回答"大家差不多吧"。其他一些话，可以说"如果你感兴趣，待以后我慢慢地告诉你""谢谢你关心，都挺好的""你听谁说的啊，根本不是这样的""这些事，还没定呢"。

5. 用模糊语言来还击对方

若是碰上有意刁难自己的人，我们也可以来个模糊回答法，把对方问的问题再抛给对方，省得继续跟他纠缠。

案例：

张小军在单位是个喜欢看他人笑话的人，他总是幸灾乐祸喜欢看人出丑。有一天，他的主管郭某因为失误被领导批评了。张小军得知后，就假惺惺地问郭某："听说你最近有些不顺利的事，怎么啦？"郭某一见他那样子，不禁有些气愤，但他平静下来说："你知道什么啦？既然已经知道，那你还有什么好说的？"

郭某的回答，就是把问题顺势抛给了张小军，既然他已知道了，那就让他回答好了。

16.6 确认对方意见沟通法

沟通作为一个交流过程，包含着信息的传递与理解。理想化的沟通是沟通发起者的想法或思想传递给沟通对象，沟通对象完全理解并接受。但实际上，日常生活中永远达不到这种理想化的沟通状态，人们接收的每一个信息都是被沟通媒介折射和传递者过滤过的，被接收者是打折理解接收的。

漏斗理论在沟通研究界早已引起人们的关注，其主要观点是：假定沟通内容理想的状态是 100%，通过口头准确表达出来的往往只有 80%，而进入沟通对象耳朵里的信息只有 60%，考虑到沟通对象综合素质的接收能力，一般被他听懂的信息只剩下 40%，最终落实沟通信息的分量仅仅为 20%，为了减少沟通信息在沟通过程中被选择和过滤，特别是避免产生误解，沟通双方当场的交流确认显得尤为重要。关键点是用你自己的语言重述别人的观点，对信息进行交叉检视。

沟通过程中，客观上存在干扰沟通信息传达的噪声，比如声音嘈杂等。另外一种是心理因素影响沟通效果，比如防卫、害怕、紧张、沮丧心理及沟通对象不愿意也无法准确理解接收沟通信息。当场的确认与重申，有助于沟通双方克服干扰，确认沟通信息的实质，从而提升沟通效果。

16.7 增加铺垫沟通法

人们在沟通过程中通常你来我往，尤其是经常出现问答式沟通，对有些问题直来直去的回答是简洁明了。对另外一些问题，尤其是一些严肃的问答，容易使问答的双方显得关系紧张。沟通高手在面临这些情况时，会采用增加铺垫的做法予以缓冲，也为自己思考如何回答拓展了时间和空间。常见的铺垫一般有三种。

第一种是赞扬问问题的人，简单说就是夸他的问题问得好。当你肯定他的问题，肯定他是有独特思考的时候，他就会给你更多信息，而不是立刻进入你问我答的环节。如果只是简单地直接回答问题，一旦你的回答不符合对方的期待，关系就有可能僵化。在回答问题前，先对对方的问题给予肯定和赞许，赞许的结果是赢得对方好感，降低提问的挑战性。加垫子还有一个好处，那就是表示你永远在提问者之上，可以超越提问者。

第二种是说明他的问题有代表性。你可以说，你这个问题很多人都问过，或者某人也关心过，是很多人都关心的问题，具有代表性。

这样回答以后，对方会觉得他问的这个问题还是挺好的，已经让他感受到你对他的赞扬了，让他觉得自己的问题是有价值的，他后面问题的挑衅性就会下降。

第三种是展示自己的处境：哎呀，你这个问题可把我难住了，让我试试看。这样的习惯并不容易养成，但是一旦学会这个技巧，在与人沟通的过程中就会更加润滑通畅和自然。

在回答问题前展示自己的处境，然后再尝试着回答，从而赢得对方的好感，并降低对方对答案的质疑。就是让自己超越回答的平均水平，先去评价对方的问题。这比那种直接回答要强得多，直接回答的话，他会觉得你在夸夸其谈，加一个铺垫，就会让你在沟通中不知不觉处在优势地位。

16.8 适度沉默沟通法

人们在沟通交流的过程中，停顿会阻碍沟通，但有时候有意识地短暂停顿，反而会引起对方关注，提升沟通效果。

在沟通过程中，如果忽然停顿，沉默几秒钟，可能会激发对方的关注。尤其是在大型活动中，当参与者并不是认真在听，有经验的主讲人此时会干脆地停下来，于是大家就都安静了，都在看发生什么事了。

善用沉默，也就是安静地倾听，可以鼓励对方继续说下去，甚至鼓励对方把本来不愿表达的感觉和态度表达出来。在进行批评沟通时，批评者适当的沉默可以起到"此时无声胜有声"的作用。面对被批评对象情绪的波动，批评者不要一直喋喋不休、得理不饶人，让批评的斥责声充满整个空间。保持一段时间的沉默，让对方有时间冷静想想自己的所作所为，冷静下情绪，也让他感受到批评者"点到为止"的宽广胸怀，从而提升批评沟通的效果。

后记

历时半年多时间写成的《团队沟通：从新手到高手》终于交稿了，心里既如释重负，亦诚惶诚恐。回首从立意写书到书稿交付的历程，我心中充满感激之情，在此专门予以致谢。

致谢亲爱的读者朋友，每个人的时间都非常宝贵，感谢你一直读到这一页，《团队沟通：从新手到高手》是本人多年学习心得及工作体会，但愿你有所收益，也欢迎提出宝贵意见。

致谢秋叶团队的各位老师，在秋叶大叔指导下的《写书私房课总群》微信群云集了 300 多位大咖老师，大家共同分享，相互鼓励，秋叶大叔还亲自指导我开展写作；知名培训师与职业经理人、畅销书作者李海峰老师提点一些打榜文章启发我新书推广；社群商业战略专家、个人成长战略深度研究者"剽悍一只猫"老师百忙之中给我通电话，沟通写书事宜，并让我出了书后立即告诉他，他主动要求在营销方面提供智囊支持。

还要特别致谢著名青年企业家、青创智慧科技董事长张萌，萌姐是书籍、音频、视频三大领域头部创作者，财富高效能专家，亚洲新锐先锋，全国巾帼建功标兵，工作非常繁忙，萌姐在她的《让你的时间更有价值》一书中说，她的时间划分非常精细、准确，甚至可以用分钟为单位来计算。在得知本人撰写《团队沟通：从新手到高手》一书后，萌姐专门抽出时间写了推荐序言，非常乐意地向社会各界，尤其是青年朋友推荐本书。

永怀感恩之心，努力回报社会。

是为后记。